SUR LA

PRÉDICATION DE LUTHER

DEPUIS L'ANNÉE 1515 JUSQU'AU 31 OCTOBRE 1517

PAR

Guillaume GRANIER

« Unum prædica, sapientiam crucis. »
(Luth., Op., v. I, p. 88.)

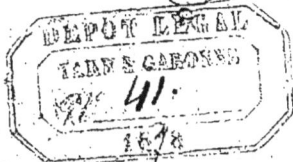

MONTAUBAN

TYP. DE J. VIDALLET ET VICTOR MACABIAU GENDRE
25, RUE BESSIÈRES, 25

1878

SERMONS DE LUTHER

Depuis l'année 1515 jusqu'au 31 octobre 1517

1° *Sermons de* 1515

Fragmentum sermonis in die Divi Martini.

Sermo in Natali Christi de Joh., I, 1 *sqq.*

Sermo de propria sapientia et voluntate in d. S. Steph.

Sermo die S. Johannis in Parochia habitus de timore Dei.

Sermo contra vitium detractionis.

2° *Sermons de* 1516

Sermo die resurrectionis Domini.

Sermo de resurrectione Christi.

Sermo in die visitationis Mariæ.

Sermo Domin. VIII p. Trin.

Sermo Dom. X post Trin.

Alter S. Dom. X p. Trin. contra opinionem sanctitatis et meriti.

Sermo Dom. XI post Trin. de vitiis capitalibus in merito operum et opinione sanctitatis se efferentibus.

Sermo in vincula S. Petri.

Sermo in d. S. Laurentii de fiducia in Deum sec. præceptum I.

Sermo in Festo Ascensionis Mariæ de Lucæ, I, 48.

Sermo in Festo Bartholomæi Apostoli.

Sermo Dom. XIV post Trin. de Matth., VI, 24 *sqq.*

Sermo in die S. Matthæi.

Sermo Dominica XIX p. Trin. de fidei natura.

Sermo Dom. XXI p. Trin. cum parte explicationis Orat. Domin.

Sermo in Feria S. Martini (1).

1) Voir à la 3° page de la couverture la suite des sermons de Luther.

7

et

ESSAI

SUR LA

PRÉDICATION DE LUTHER

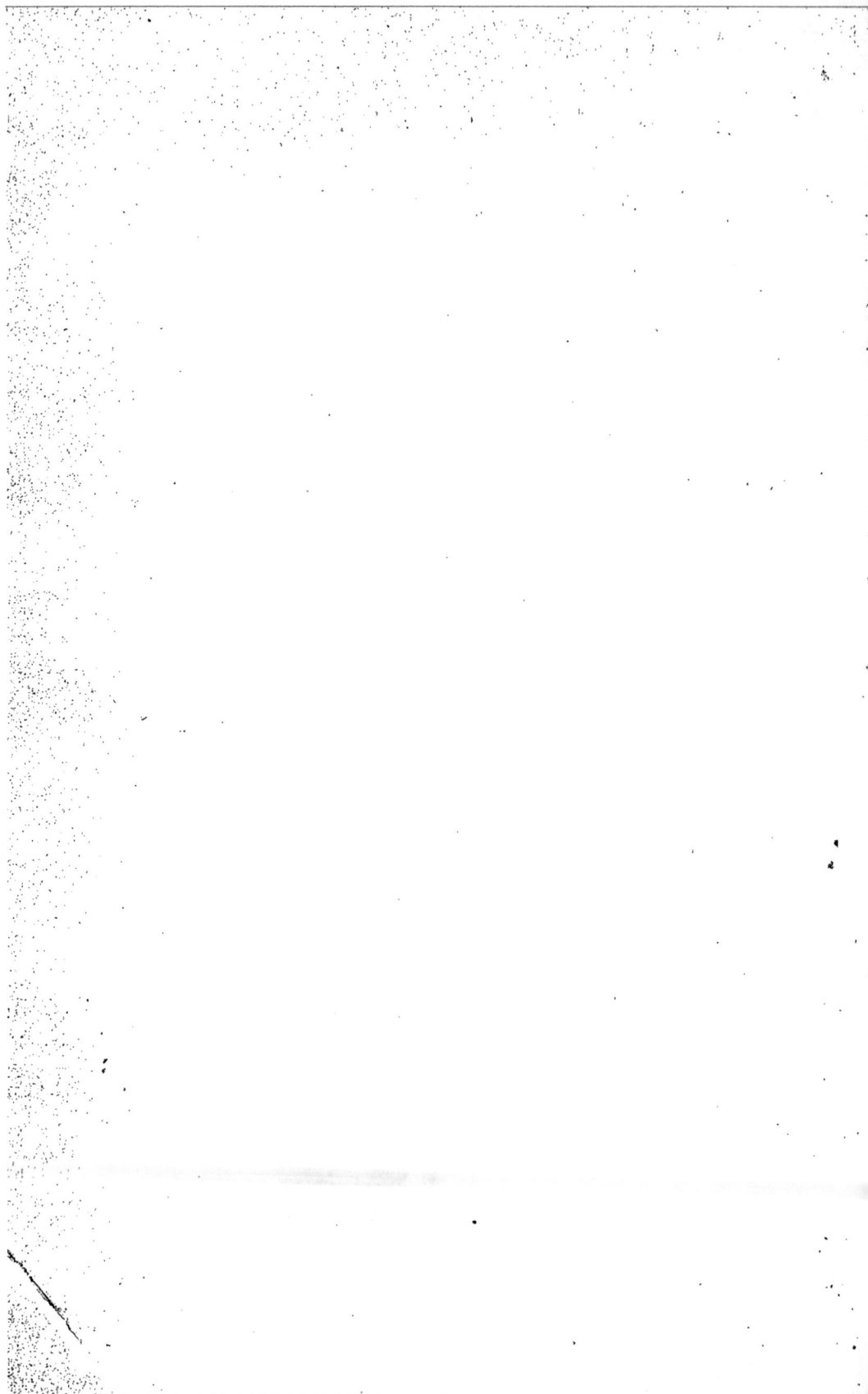

ESSAI

SUR LA

PRÉDICATION DE LUTHER

DEPUIS L'ANNÉE 1515 JUSQU'AU 31 OCTOBRE 1517

THÈSE

PUBLIQUEMENT SOUTENUE

DEVANT LA FACULTÉ DE THÉOLOGIE PROTESTANTE DE MONTAUBAN

En juillet 1878

Par Guillaume GRANIER, de Montpellier

BACHELIER ÈS-LETTRES ET BACHELIER ES-SCIENCES

Aspirant au grade de bachelier en théologie

J. V.

MONTAUBAN

TYP. DE J. VIDALLET ET VICTOR MACABIAU, GENDRE

25, RUE BESSIÈRES, 25

1878

RÉPUBLIQUE FRANÇAISE

UNIVERSITÉ DE FRANCE

Académie de Toulouse

FACULTÉ DE THÉOLOGIE PROTESTANTE DE MONTAUBAN

PROFESSEURS :

MM.

Bois, Doyen,	*Morale et éloquence sacrée.*
Nicolas ✻,	*Philosophie.*
Pédézert ✻,	*Littérature grecque et latine*
Monod,	*Dogmatique.*
Bonifas,	*Histoire ecclésiastique.*
Bruston,	*Hébreu et critique de l'A.-T.*
Wabnitz, chargé de cours,	*Exégèse et critique du N.-T.*
Léenhardt, chargé d'un cours de *Sciences naturelles.*	

EXAMINATEURS :

MM. WABNITZ, *Président de la soutenance.*
BONIFAS.
BRUSTON.
BOIS.

PREFACE

Les pages qu'on va lire ne sont que l'ébauche de la première partie d'un travail plus considérable que nous avions l'intention de faire. Notre projet était d'étudier toute la prédication de Luther et nous avions pensé diviser notre travail en deux parties fort inégales, mais que l'intérêt historique nous imposait : 1° Le Moine ; 2° Le Réformateur. Le temps nous manque pour publier aujourd'hui la seconde partie qui est de beaucoup la plus considérable, puisqu'elle embrasse une période de vingt-neuf années et près de deux mille sermons (1), tandis que la première comprend trois ans à peine.

(1) Luther a souvent prêché sur des livres entiers de l'Ancien et du Nouveau-Testament, et ses prédications ont alors été réunies les unes aux autres sous forme de commentaires. C'est en tenant compte de la

Il est sans doute inutile d'exposer ici tous les motifs qui nous ont déterminé à étudier la Prédication de Luther ; ce sont des recherches qui se justifient d'elles-mêmes, surtout à notre époque où nous avons besoin de nous inspirer toujours plus de nos Réformateurs. Au point de vue histoque, du reste, elles peuvent nous fournir de précieux éclaircissements. Quand on raconte, en effet, les origines de la Réformation, on se borne en général à rappeler la Crise Religieuse qui amena Luther à la possession de la paix et du salut en Jésus-Christ, puis on le montre le 31 octobre 1517 affichant les 95 thèses à la porte de Wittemberg, le 18 avril 1521 affirmant sa foi devant la diète de Worms... on rappelle enfin tous ses actes d'héroïsme, qui ont marqué des heures solennelles dans l'histoire de l'Église On parle aussi de ses écrits, de ses pamphlets dont il innondait l'Allemagne et qui entraînaient les esprits dans la voie nouvelle. Mais on oublie presque toujours de dire que l'un des plus puissants moyens que Luther a employés pour accomplir les grandes choses qu'il a faites a été la Prédication de l'Évangile. Il ne s'est pas borné à agir et à écrire,..... il a parlé. Il n'a pas été seulement un homme d'action, il a été aussi un orateur populaire et un prédicateur puissant. Il a apporté lui-même aux âmes affamées de

longueur ordinaire de ses sermons, que nous sommes arrivé à déterminer, d'une manière approximative, ce chiffre de deux mille. Nous possédons environ sept cents sermons séparés.

vérité, le pain céleste dont il s'était nourri, il s'est penché
vers le peuple, et lui a parlé sa langue, pendant plus
de trente années, il lui a fidèlement dispensé la parole de
vie : c'est en sauvant les âmes, qu'il a fait la Réformation.
S'il est donc une étude qui puisse nous aider à bien comprendre l'œuvre qu'il a accomplie, c'est, à coup sûr, l'étude
de sa prédication. Elle est le miroir fidèle de sa pensée ; il
lui a empreint le cachet de sa Personnalité, et, pour connaître Luther, il faut aller le chercher dans ses sermons.
Ouvrez, lisez, vous ne trouverez pas des théories, des
idées théologiques sur tel ou tel sujet, des spéculations
philosophiques, des considérations morales, ou du moins,
ce n'est pas là ce qui vous frappera, mais vous trouverez
un homme, une personnalité vivante, un cœur qui parlera
à votre cœur, un cœur qui lutte, qui souffre et surtout
qui aime.

Enfin, connaître la prédication de cet improvisateur ex-
traordinaire qui a remporté à diverses reprises les plus
brillants succès oratoires, qui, par sa parole énergique et
sans fard, a captivé les esprits et gagné les cœurs de toute
une génération, qui a jeté en un mot les fondements de la
glorieuse Église protestante dont nous sommes les fils,
n'est-ce pas là pour nous étude du plus haut intérêt et de
la plus grande utilité ? Notre Prédication n'a-t-elle pas aujourd'hui quelque chose à emprunter à celle de notre
Réformateur et n'est-ce pas en quelque sorte un devoir

pour nous de rechercher quels sont les secrets de sa puissance ?

Luther lui-même avait bien le sentiment de l'action qu'avait exercée sa prédication. « Ce n'est pas moi, s'écrie-t-il une fois, ce n'est pas moi qui ai fait la Réformation, c'est la parole de Dieu que j'ai *préchée* et écrite (1). »

Mais si l'étude dont nous parlons est intéressante, il faut ajouter qu'elle est singulièrement difficile. On est en présence de plus de cent volumes dont la plupart renferment des sermons écrits dans un vieux langage et où bien des mots, inconnus même aux Allemands d'aujourd'hui, ne se trouvent pas toujours dans les dictionnaires ; ajoutons que l'on ne peut être aidé dans ce travail par aucun ouvrage antérieur. Même en Allemagne où des milliers de livres ont été écrits sur Luther, il n'existe point de ressources pour notre sujet. Un seul ouvrage, qui aurait dû, semble-t-il, nous être de quelque utilité, a paru il y a une vingtaine d'annés, mais il ne nous apprend pas en réalité à connaître la prédication du Réformateur (2). Le livre du professeur Kœstlin, que chacun s'accorde à regarder pour ce qui a été écrit de mieux sur Luther (3), ne traite pas de sa pré-

(1) *Luthers Verke. Erlangen*, vol. XXVIII, p. 220.

(2) Die Kanzelberedsamkeit Luthers nach ihrer Genesis, ihrem Charakter, Inhalt und ihrer Form von F. Jonas, Prediger an S. Gertrud in Stettin. 1852.

(3) Luther, Sein Leben und Seine Schriften. Elberfeld, 1875.

dication et nous n'avons pu le consulter que pour des détails historiques. En France où Luther n'est bien connu
à aucun égard, il l'est moins encore, cela va sans dire,
comme prédicateur. La première période, en particulier, qui
fait l'objet de cette étude, est complètement ignorée en
Allemagne comme en France ; on ne sait généralement pas,
en effet, que Luther a prêché plusieurs années avant d'être
devenu Réformateur, et on ignore surtout ce qu'il a prêché.

Cette période, que nous fermons au 31 octocre 1517, date
anniversaire de la Réformation, n'est point séparée par une
ligne bien nette de la période suivante ; il serait difficile
et téméraire de fixer un moment précis où notre prédicateur entre dans une phase nouvelle. Mais si l'on considère
que cette époque est celle de la préparation, où, par suite
d'un développement insensible et continu, le moine devient
Réformateur, on comprendra que les sermons de 1515 et de
1516 méritent d'occuper quelques instants notre attention.

Cependant, avant de les étudier, il est essentiel de jeter un
coup d'œil sur l'état de la prédication pendant les siècles
qui précédèrent Luther et surtout pendant le siècle où il
parut. C'est ce qui fera l'objet de notre introduction.
Nous nous sommes servi, pour cette longue et difficile étude,
des vieilles histoires des contemporains de Luther, Myconius (1) et Mathesius (2), puis de quelques histoires de la

(1) Frederici Myconii historia Reformationis. Leipsig, 1718.
(2) Mathesius, dont Luther parle une ou deux fois pour n'en pas

Prédication, de Schuler (1), Wackernagel (2), Lentz (3), d'un article de Schmidt dans les Studien und Critiken (4) etc.

Après avoir jeté ce rapide coup d'œil sur la prédication du moyen âge et du XVme siècle en particulier, nous arriverons à Luther. Nous essaierons d'assister à ses débuts, puis de le suivre jusqu'à la veille du 31 octobre 1517. Pour qu'on puisse le mieux connaître, nous nous effacerons toujours derrière lui, lui laissant la parole le plus souvent possible et faisant consister tout notre travail dans le choix et le groupement des citations.

faire l'éloge (v. LIX, p. 230, 231), a écrit l'histoire du *Réformateur* dans une suite de prédications fort intéressantes. Nous nous sommes servi d'une ancienne édition de 1567. — Historien von des ehrwirdigen in Gott seligen thewren manns Gottes Doctoris Martini Luthers anfang, lehr, leben vnd sterben alles ordentlich der Jarzal nach, wie sich alle sachen zu jeder zeyt haben zugetragen, durch den alten herrn M. Mathesium gestelt vnd alles fur seinem seligen Ende verfertigt. Nürnberg, MDLXVII.

(1) Geschichte der Veraenderungen des Geschmacks im Predigen insonderheit unter den Protestanten in Deutschland mit Actenstücken im Auszug belegt von M. Philipp Heinrich Schuler. Halle, 1792.

(2) Altdeutsche Predigten und Gebete aus Handschriften gesammelt und zur Herausgabe vorbereitet von Wilhelm Wackernagel. Basel, 1876.

(3) Geschichte der Christlichen Homiletik ihrer Grundsætzen und der Ausübung derselben in allen Jahrhunderten der Kirche von C. G. H. Lontz. Braunschweig, 1839.

(4) Ueber das Predigen in den Landessprachen waehrend des Mittelalters von E. Schmidt. Stud. u. Crit. 1846 p. 243-296.

Les documents qui nous serviront pour cette courte étude sont relativement peu nombreux. Nous possédons de l'année 1515, quatre sermons et un fragment; de l'année 1516, vingt-six sermons ou fragments de sermons, dont plusieurs servirent d'introduction aux prédications sur les dix Commandements, enfin, du 1er janvier au 31 octobre 1517, huit sermons auxquels il faut ajouter ceux que prêcha Luther sur l'oraison Dominicale. Tous ces sermons, sauf les derniers, nous sont parvenus en latin quoiqu'ils aient été prononcés en allemand. Plusieurs écrits de Luther furent traduits et répandus dans la langue savante du moyen âge alors encore si universellement usitée. On trouvera ces sermons et toutes les autres citations de Luther dans l'édition d'Erlangen, la plus récente et la meilleure qui existe. Elle se compose de soixante-huit volumes en allemand et de trente en latin (1). A cela il faut ajouter six gros volumes de lettres publiées par de Vette et Seidemann, et enfin le volume récemment publié par ce dernier et qui contient les premiers cours de Luther sur les psaumes (2).

(1) Les quinze premiers volumes en sont déjà à la seconde édition : c'est d'elle naturellement que nous nous sommes servi. Il a paru aussi l'année dernière une seconde édition des Vermischte Predigten de 1518 à 1522. Francfort, 1877.

(2) Dr. Martin Luthers erste und ælteste Vorlesungen über die Psalmen aus den Jahren 1513-1516 herausgegeben von Lic. Theol. Johann Karl Seidemann. Dresde, 1876.

Et maintenant nous réclamons toute l'indulgence du lecteur pour un travail qui a du être rédigé à la hâte et dont nous sentons mieux que personne toutes les imperfections (1).

(1) Voici les abréviations dont nous nous sommes servi :

Op. = Opera latina varii argumenti ad reformationis historiam imprimis pertinentia.

Op. exeg. = Opera exegetica latina.

N. e. = Nouvelle édition.

INTRODUCTION

COUP D'ŒIL SUR L'ÉTAT DE LA PRÉDICATION AVANT LUTHER

INTRODUCTION.

Coup d'œil sur l'état de la Prédication avant Luther.

Quand on étudie l'histoire de l'Eglise pendant les siècles qui ont précédé la Réformation, on est surpris de voir par quelles nombreuses alternatives de grandeur et de décadence a passé la prédication de l'Evangile. On s'attendrait volontiers à constater un progrès toujours croissant, qui, à travers des arrêts et des obscurités peut-être, ne cesserait pourtant jamais de se manifester, on se trouve au contraire en présence d'une longue série de prédicateurs, dont on ne peut pas dire que le dernier soit supérieur au premier, mais où se détachent ici et là quelques grandes personnalités qui jettent tout d'un coup un vif éclat dans le monde et font mieux ressortir, lorsqu'elles s'éteignent, la profondeur des ténèbres qui les ont précédées et qui leur succèdent. Ce sont, du reste, souvent les infidélités même et les hontes de l'Eglise aussi bien que tels ou tels événements de l'histoire, qui donnent à ces puissantes individualités l'occasion de se produire; c'est, de plus encore, le besoin si naturel à l'Eglise chrétienne de vaincre l'hérésie et de propager sa foi.

C'est ainsi qu'à la fin du VIᵉ siècle et surtout dans le cours du VIIᵉ, pour ne pas remonter plus haut, nous voyons l'esprit missionnaire enfanter, au sein de la Société chrétienne, des prédicateurs admirables qui vont répandre au loin la lumière de l'Évangile. Les moines sortent en foule des monastères de l'Occident pour se faire dans le monde les porteurs de la bonne nouvelle, Colomba en Ecosse (565), Saint-Gall (646) et Colomban (654) en France, Kilian en Franconie (689), Winfrid en Germanie (680-755)..... et pourtant, à côté de ces vaillants défenseurs de la bonne cause, se présente le contraste d'une prédication négligée et de plus en plus abandonnée au sein même de l'Eglise. Les Conciles sont obligés de rappeler aux prêtres leurs devoirs, et, quand Charlemagne paraît, la prédication est tombée dans un état déplorable. L'usage du latin est de plus en plus répandu, et quel fruit pourraient retirer les fidèles d'un sermon qui leur est dit dans une langue étrangère ? Du reste, on prêche rarement ; les évêques, pour acquérir plus d'autorité et d'influence, se réservent le droit de la prédication ; les prêtres se bornent à lire, de temps à autre, du haut de la chaire, une homélie latine (1) ; la messe et les cérémonies extérieures envahissent de plus en plus le culte et on oublie, au milieu de tout ce formalisme, de méditer la parole de Dieu.

Charlemagne, frappé de ce triste état des choses, voulut y remédier. Il défendit de prêcher en latin et chargea Paul Warnefride, appelé plus souvent peut-être Paul Diacre, de former un recueil de sermons, afin de venir en aide aux prédicateurs ignorants et oublieux de leurs devoirs.

Ce recueil (2), composé d'homélies d'Ambroise, Augustin, Jérôme, Grégoire et autres pères de l'Église, a exercé une grande influence pendant presque tout le moyen âge, mais les efforts de Charlemagne ne réussirent cependant

(1) Il ne faut cependant pas s'exagérer l'état des choses. On a cru à tort que, pendant tout le moyen âge, on avait toujours prêché en latin. Cela, croyons-nous, a pu arriver quelquefois, plus spécialement à certaines époques, par exemple au moment où parut Charlemagne, mais d'une manière générale, il paraît (voyez Herzog Real-Encyclopedie art. Lateinische Sprache) qu'on ne prêchait en latin qu'aux ecclésiastiques et dans les couvents. De plus, beaucoup de prédicateurs écrivaient et préparaient en latin les sermons qu'ils devaient prononcer en allemand. Ainsi s'expliquerait pourquoi tant de sermons du moyen âge nous sont parvenus en latin.

(2) Ce recueil, l'un des livres les plus lus du moyen âge fut souvent imprimé à l'époque même de la Réformation. Spire, 1482 ; Bâle, 1493, 1498, 1515, 1516. Ranke prétend (zur Geschichte des homiliariums Karl's des Grossen Studienund Critiken, 1855, p. 382-396) qu'il fu. l'une des causes qui poussèrent Luther à écrire ses Kirchenpostilles

pas à supprimer les abus et à relever la prédication. Elle retomba bientôt, se traîna près de trois siècles dans l'ornière et elle ne nous offre, pendant cette période, que le spectacle d'une pauvreté inouie et d'une désespérante faiblesse.

Les croisades ouvrent alors, semble-t-il, une ère nouvelle. Pierre l'Hermite fait retentir d'un bout de la France à l'autre, et jusqu'au fond même de l'Allemagne, les accents d'une entraînante éloquence ; Bernard de Clairvaux lui succède bientôt après et prêche la seconde croisade avec une puissance non moins remarquable. Sa parole, souvent rude et grossière sait, à travers les voiles d'une allégorie quelquefois excessive, trouver le chemin des cœurs, et il flétrit avec courage et avec force les vices des grands et du clergé. Luther disait plus tard de lui que lorsqu'il se débarrassait de son esprit de moinerie « il prêchait si admirablement que c'était un véritable plaisir (1). »

Le xiiie siècle, avec ses évêques formalistes qui négligeaient toujours de plus en plus l'étude de la parole de Dieu, semblait devoir être, plus encore que les siècles précédents, stérile en prédicateurs remarquables, aussi bien qu'en prédicateurs fidèles. Mais, en face de l'hérésie et pour la vaincre, s'élevèrent deux ordres nouveaux de moines mendiants, celui de saint François-d'Assise en

(1) Luther, v. XIV, p. 384.

Italie (1208) et celui de Dominique en Espagne (1215), qui fournirent à l'Église de vaillants et zélés défenseurs de ces doctrines (1).

Les Dominicains, dont l'esprit était plus scientifique et qui se montraient très fiers de leur savoir, ne comptèrent pas parmi eux de grands prédicateurs ; on pourrait citer cependant Conrad de Marbourg et Albert le Grand, quoique ce dernier fut bien plus un remarquable théologien qu'un remarquable orateur.

Les Franciscains, au contraire, avaient un genre de prédication plus simple et plus populaire, et leur parole, plus pratique que savante, réveillait les populations accou- tumées à entendre chanter la messe à l'église bien plus qu'à entendre expliquer l'Évangile.

Berthold, le Franciscain, parcourut l'Espagne, la Bavière, la Silésie, l'Autriche, la Hongrie, remportant partout les plus grands succès oratoires et voyant accourir autour de lui des auditoires, dit-on, de plus de cent mille personnes. Un chroniqueur du temps, Jean de Winterthur, nous parle de son immense influence : « *Peccatores innumeros*, écrit-il, *verbo et exemplo pariter ad dominum convertebat.* » Berthold,

---

(1) Luther blâme saint François-d'Assise et Dominique de ne pas avoir rendu un fidèle témoignage à Jésus-Christ, mais d'avoir attiré les gens à eux plutôt qu'à leur Sauveur, v. XLV, p. 353.

Il parle plus souvent de saint François-d'Assise que de Dominique, v. XLV, p. 373 ; XLVI, 246 ; XLIV, 39, 172, 194, etc.

peu préoccupé de questions scientifiques, se livrait librement à toute la fougue de son éloquence, et cédait aux
entraînements d'un saint enthousiasme pour la noble cause
qu'il défendait, et d'un profond amour pour les âmes de ses
auditeurs. Son imagination poëtique et féconde donnait à
ses discours un caractère spécial de vie et d'originalité.
Mais, à côté de lui, que de pauvres prêtres ignorants qui
mêlent tour à tour dans leurs sermons les questions d'une
sèche et aride scolastique aux légendes les plus ridicules et
les plus profanes ! Qu'on juge, par exemple, de ce que devait
être la prédication d'un Jacques de Voragine, par son célèbre
ouvrage « la Légende dorée, » et qu'on n'oublie pas que ce
détestable recueil de fables a été l'une des plus efficaces
ressources des prédicateurs de l'époque, comme il l'a été,
du reste également, pendant les siècles qui ont suivi. Aussi
la prédication chrétienne, en dépit de ces orateurs puissants qui l'élèvent à la hauteur d'où elle ne devrait jamais
descendre, semble toujours plus frappée d'impuissance ;
elle se plaît dans les trivialités et les légendes grossières et
absurdes. Il y a une sorte de progrès vers le mal, qui se
révèle d'une manière toujours plus sensible à mesure que
l'on approche du grand siècle de la Réformation.

Au xive siècle, par exemple, nous ne trouvons en Italie
que des prédicateurs au ton léger et badin. En France, la
scolastique a tout envahi. L'édification disparaît de plus en
plus du discours chrétien, et la prédication offre partout,

en un mot, le plus déplorable spectacle, mais qui sera pire
encore dans le siècle suivant. Néanmoins, le XIVe
siècle compte aussi des prédicateurs de talent. C'est
l'âge des mystiques, c'est-à-dire de ces nobles âmes
qui rêvent une union toujours plus intime et plus profonde avec Dieu, et réagissent contre une aride scolastique. C'est l'âge d'Eckart, de Suson, de Tauler, de
Gerson (1).

Dans ce rapide aperçu, que nous voulons donner ici de
l'état de la prédication avant la Réforme, il nous est
impossible de nous arrêter en présence de chacune des
grandes figures que nous rencontrons sur notre route.
Toutefois, nous croyons utile de consacrer quelques courtes
lignes à Tauler, parce qu'il a été connu et apprécié plus
que les autres par notre Réformateur, et a, sans nul doute,
exercé sur lui une certaine influence (2).

« Si vous avez envie, écrit une fois Luther à Spalatin, de
lire une pure et solide théologie, exposée en allemand et
qui rappelle les anciennes, vous ferez bien de vous procurer
les sermons composés par le prédicateur Jean Tauler, et
dont je vous envoie ici un court extrait, car je n'ai jamais

(1) Luther cite quelquefois Gerson. Op. Exeg., v. XII, p. 37 ; VII,
44 ; X, 63 ; XVI, 6 ; XVIII, 209 ; N. c. XVI, 16 ; il en parle dans ses
Propos de table, v. LX, p. 88, 201, 302 ; LXII, 121, etc.

(2) Luther l'appelle quelque part « un docteur éclairé, » v. LXIII,
p. 238.

vu, ni en latin ni en Allemand, une théologie plus saine et
qui soit plus conforme à l'Évangile (1). »

Tauler était une âme profondément chrétienne et on
respire dans sa prédication un souffle pur et fortifiant. Il
rappelle par certains côtés les pères de l'Église; comme
les prédicateurs du temps, il divise quelquefois ses sermons
avec une certaine subtilité scolastique et il allégorise souvent, mais il poursuit toujours un but pratique, et les saintes aspirations de son âme, vers une vie contemplative, ne
lui font pas oublier les devoirs austères de la vie présente.
Il veut rendre la vérité accessible à tous ses auditeurs, et
nous découvrons chez lui, ce qui nous frappera bien
davantage chez Luther, la sainte préoccupation d'une parfaite simplicité. « J'ai eu, dit-il un jour, dans un de ses
premiers sermons, j'ai eu, jusqu'à présent, l'habitude de
citer beaucoup de latin dans mes prédications, mais je suis
résolu maintenant à ne plus le faire, car si c'est pour parler
latin, je veux le faire avec des savants qui le comprennent (2). »

(1) Luthers briefe. De Wette, v. I, p. 46; cf. 1, 34.
Luther cite quelquefois Tauler dans ses prédications, mais relativement peu souvent; voici quelques exemples : Op., v. I, p. 213; v. I,
p. 262; VII, 246; X, 67; XIII, 43, 237; XVI, N. e., 372, etc.
(2) Tauler, sermons v. I, p. 150. — Nous nous sommes servi de
l'édition de Arndt et de Spener, revue par Kuntze et Biesenthal :
Johann Taulers Predigten auf alle Sonn-und Festtage im Jahr nach
den Ausgaben von Joh. Arndt und Phil. Jac. Spener, aufs neue

Il veut que sa prédication soit efficace, et il demande lui-même à ses auditeurs de prier Dieu « de lui accorder la grâce de prêcher avec fruit (1). »

Un autre trait caractéristique de sa prédication est, on le sait, le mysticisme. C'est un mysticisme quelquefois subtil, mais toujours séduisant et plein de vie. Il y révèle toutes les richesses d'une piété profonde qui communique à sa prédication, je ne sais quelle pénétration puissante et quelle onction. L'ambition de Tauler, c'est l'union parfaite de l'âme avec Dieu : oublier toutes les choses terrestres pour se confondre avec son Sauveur. Il prêche un jour, par exemple, sur ce texte : Voici, ton fiancé vient au-devant de toi. Il compare l'âme fidèle à la fiancée de Christ. Quand l'union entre eux est sur le point de s'accomplir « le fiancé, dit-il, s'adresse ainsi au Père : Mon bien aimé Seigneur et Père, quel sera maintenant notre présent à l'occasion de notre mariage? A cela le Père répond : Mon fils bien aimé et éternel, cet office regarde le Saint-Esprit qui doit me remplacer et être votre présent. Et alors il les rassasie et les abreuve richement de l'amour divin. Ainsi pénétrée par ce divin amour, la fiancée en arrive d'elle-même à à s'oublier elle-même complètement. Elle oublie même toutes les créatures qui l'entourent, celles qui sont dans le

herausgegeben von Pred. Ed. Kuntze und Dr. J. H. R. Biesenthal. — Berlin, 1841.

(1) Tauler, sermons, v. 1, p. 450.

ciel aussi bien que celles qui sont sur la terre (1). » Et
nous lisons ailleurs : « Lorsque l'âme le veut, elle possède
en elle-même la présence du Père, du Fils et du Saint-
Esprit. Elle se perd alors dans l'unité qui est en elle et le
Dieu pur est ainsi révélé dans l'âme pure. Mais personne ne
peut atteindre ces hauteurs, comme dit un docteur distin-
gué, aussi longtemps qu'il trouve le sujet de la moindre
tentation dans les choses vaines et viles de ce monde ; car
personne ne peut pénétrer dans la pure divinité, s'il n'est
aussi pur qu'il l'était au commencement, lorsqu'il sortit de
Dieu (2). »

Ces quelques lignes nous révèlent, dans une certaine
mesure, la tendance d'esprit de l'orateur dominicain. Il sait
aussi s'élever avec force contre la piété formaliste et
superstitieuse, et proclamer la nécessité d'une foi réelle et
d'un entier renoncement au monde et à soi-même,

En résumé sa parole, que le mysticisme rend quelquefois peut-être un peu lourde et obscure, est d'ordinaire
simple, vive, pénétrante, quelquefois vraiment énergique,
en tout cas, toujours inspirée par une ardente charité et
une piété réelle.

La prédication du XIVᵉ siècle a donc eu, on le voit,
malgré sa profonde décadence, quelques glorieux repré-

(1) Tauler, sermons, v. I, p. 154.
(2) Tauler, sermons, v. I, p. 60.

sentants, et il ne faut pas oublier que c'est aussi le siècle de Wiclef (1).

Le xvᵉ siècle va nous faire assister au développement complet de tous les vices dont on discernait déjà les germes ou que l'on voyait s'étaler dans les sermons des contemporains de Tauler et des mystiques. Sans doute ici encore apparaissent quelques personnalités exceptionnelles; ce sont de grands esprits, de grands caractères, et de grands orateurs, Jean Huss (2) et Savonarole, les dignes successeurs de Wiclef et précurseurs de Luther. Leur voix énergique et pure retentit au sein d'une société corrompue et fait un singulier contraste avec la parole frivole et profane des prédicateurs du siècle.

C'est un triste spectacle, en effet, que celui que nous présente l'Eglise de cette époque. Le vieil historien de la Réformation, Frédéric Myconius, nous en donne une peinture fidèle dès les premières pages de son récit. Il nous montre le clergé d'alors plongé dans la plus effroyable corruption, trompant le peuple et tirant parti de son ignorance pour lui arracher ses deniers. Les pèlerinages, les œuvres extérieures, l'adoration de Marie et des saints, les reliques, les indulgences et les messes, tels étaient les principaux

---

(1) Luther parle rarement de Wiclef; il blâme sa doctrine de la Sainte-Cène, v. XXX, p 291, 300.

(2) Luther parle très souvent avec admiration de Jean Huss, v. XII, p. 41; v. XXIV, p. 25, 133; XXXVIII, 390, 422; L, 143; LXV, 82, ss.

éléments qui composaient la piété toute formaliste de l'Église du xve siècle.

La prédication ne pouvait guère, dans ces tristes conditions, jouer un rôle important et digne. « Les évêques *ne préchaient pas*, dit Myconius, ils consacraient, ils bénissaient les nonnes, les prêtres, les moines, les clochers, les églises, les chapelles, les images, les œufs, les cimetières, etc., et tout cela leur rapportait beaucoup d'argent. »

On prêchait donc fort peu, mais, lorsqu'on prêchait, c'était un christianisme défiguré que l'on présentait aux auditeurs. « On gardait le silence, nous dit notre historien, sur les souffrances, la mort, la Rédemption, l'expiation de Christ, et, lorsqu'on en parlait dans la chaire, c'était comme d'une histoire du voyage d'Ulysse. On n'entendait jamais rien dire de la foi qui sauve et par laquelle nous devenons participants des souffrances, de l'innocence, de la justice, de la sainteté, de l'héritage et de la vie éternelle de Christ, mais on faisait de lui un juge terrible et courroucé qui voulait juger et condamner tous ceux qui n'avaient pas accompli les saintes œuvres papistes (1). »

Ce n'était pas un véritable changement du cœur que les prédicateurs réclamaient des membres de leur troupeau,

_____

(1) Frederici Myconii historia Reformationis. Leipsig, 1718, chap. 1, page 2.

mais les actes d'une piété tout extérieure qui ne laissaient pas de rapporter à l'Eglise de fort jolis bénéfices. Jeûner, dire beaucoup de prières, beaucoup de Notre Père, d'Ave Maria, prières à sainte Ursule, prières à sainte Brigitte, dire des messes pour les vivants et pour les morts ; en un mot, pour se servir des expressions mêmes de Myconius, chanter, marmotter et criailler nuit et jour sans se lasser jamais : voilà, d'après les prédicateurs du temps, ce qu'on devait faire pour avoir la vie éternelle. « Il fallait aussi célébrer toutes sortes de fêtes, aller en pèlerinage à Rome, à Saint-Jacques, à Jérusalem, à Sainte-Catherine, au Mont-Sinaï, à Saint-Michel, à Aix-la-Chapelle, à Fulda, à Saint-Wolfgang, et il n'y avait presque pas de montagne, de mare, de terre, de vallée, de forêt, il n'y avait même pas de chêne, de saule, de hêtre... qui ne fût l'objet d'un pèlerinage. »

Le clergé, par dessus tout rapace, exploitait, avec un sans-gêne révoltant, la bonne foi des pauvres fidèles. Il vendait à prix d'or la grâce et les indulgences du pape et se faisait donner de l'argent de toutes les manières. On lui apportait, nous est-il raconté, des marchandises de toutes sortes, des poules, des oies, des canards, des œufs, du chanvre, du lin, du fromage, du beurre, du vin, de la bière, etc., enfin, il n'était pas possible d'être plus avide que ne l'étaient alors ceux qui avaient à remplir dans l'Eglise la glorieuse charge d'ambassadeurs de Christ.

Une immoralité extrème régnait parmi eux, et « ils remplissaient le monde de leurs impudicités, de leurs adultères,
de leurs sodomies et d'autres péchés et d'autres hontes
incroyables dont il n'est pas permis de parler. »

On ne s'étonne pas alors d'entendre dire au contemporain de Luther, Mathesius « qu'il ne se rappelle pas, pendant toute sa jeunesse (car jusqu'à vingt-cinq ans, il est
resté prisonnier dans les liens du papisme) avoir entendu
en chaire parler sur les dix Commandements, le symbole
des Apôtres, Notre Père où le Baptème. On lisait, dans les
écoles pendant le Carème, quelques écrits sur la Confession
et sur l'une des deux Espèces : mais, pour ce qui regarde
l'absolution et la consolation que l'on trouve à recevoir avec
foi le corps et le sang de Christ, il ne se rappelle pas en
avoir jamais entendu dire un seul mot (1). »

A ces témoignages des historiens contemporains, il est
interessant d'ajouter celui de Luther lui-même et de lui
entendre dépeindre, à sa manière, cette époque d'effroyable décadence. « Nous avons bien vu sous le papisme, s'é-
crie-t-il un jour dans un sermon de 1532, que dans aucune
chaire on ne résistait au diable, qui gouvernait alors. On
avait bien l'Écriture dans un livre, on la lisait et on la
chantait dans toutes les églises, mais sans la saisir par
le cœur et l'intelligence, et on l'avait laissé rouiller comme

(1) Mathesius, sermon VI, page LXIII.

une épée dans le fourreau. Personne n'était là pour tirer cette épée et pour l'aiguiser (1). »

Ne pas rester fidèle aux Saintes-Écritures, telle était la grande faute des prédicateurs du xvme siècle, c'était là la véritable racine de tous les maux. Pour celui qui devait quelques années plus tard réformer l'Église, « il n'y avait pas sur la terre de fléau plus épouvantable qu'un prédicateur qui ne prêche pas la parole de Dieu, et hélas, s'écriait-il, aujourd'hui le monde entier est rempli de tels prédicateurs et avec cela ils s'imaginent bien faire et être pieux, tandis qu'ils ne font pas autre chose que tuer les âmes, blasphémer Dieu, et établir l'idolâtrie......... ce sont des loups ravissants en habits des brebis, et plût à Dieu que personne n'entendit leur prédication (2) ! » La pureté de l'Évangile était ainsi défigurée dans les chaires chrétiennes « où on ne parlait que des mœurs et des bonnes œuvres, et l'on disait quelques mots à peine de la foi et de cette justice intérieure d'où procèdent les bonnes œuvres et une conduite droite et digne (3). » Que quelqu'un commette un adultère, la faute n'est pas si grande, dit-on, que d'avoir mangé de la viande le vendredi ; qu'un **autre** abime un peu une pierre de l'Église, on lui pardonne bien plus difficilement d'avoir ainsi déshonoré l'Église ou le Cimetière

(1) Luth., v. XIX, p. 295.
(2) Luth., v. X, p. 154.
(3) Luth., Op., v. 1, p. 186.

que s'il a assassiné son prochain. Et voilà, poursuit Luther,
voilà ce que l'on a prêché dans nos Églises et dans nos
Temples ! On a ainsi déshonoré et blasphémé le nom de Dieu,
plus que partout ailleurs, dans ces Églises que l'on appelle
des maisons de Dieu, et j'irai jusqu'à dire qu'il vaudrait
mieux que toutes les Églises fussent des maisons de danse
plutôt que d'y voir prêcher et pratiquer de ces œuvres in-
sensées qui ravissent à Dieu la gloire qui lui est due et qui
perdent un nombre infini d'âmes (1) ». « Il y a plus de 500
ans que personne n'ose prêcher la parole de Dieu ; on a lu
le texte de l'Évangile en chaire pour conserver les appa-
rences, mais on en a tiré ou on y a mêlé des doctrines
humaines (2). »

Le clergé était plongé dans la plus profonde ignorance
et dans un sermon écrit en 1530 à Cobourg sur la nécessité
d'envoyer les enfants à l'école ; Luther nous dit que l'on
pouvait devenir prêtre et célébrer la messe « quoiqu'on ne
fût pas capable de prêcher un seul mot et quoiqu'on fût
un âne ignorant (3). L'ignorance des pasteurs avait naturellement, pour conséquence, l'ignorance du troupeau.
« Nous ne savions pas autrefois, dit-il, ce que c'était que
le baptême, Christ, la foi ; nous ne comprenions pas un seul
mot de notre Père ; nous ne savions pas comment il fallait

(1) Luth., v. XI, p. 179 ; cf. XIV, p. 285.
(2) Luth., v. XIV, p. 376 ; cf. XV, p. 9.
(3) Luth., v. XX, p. 9.

prier ; nous ne comprenions pas un seul commandement de Dieu ni un seul passage du Symbole ; nous ne pouvions pas expliquer un seul verset de tout le psautier ; nous ne savions pas combien il y avait de sacrements et nous ne savions pas davantage ce que c'était d'ètre père, mère, serviteur et servante. Quand on prêchait sur les bonnes œuvres, on n'enseignait pas aux gens à obéir à Dieu, chacun dans la position où il était placé et à rendre service à son prochain, mais on disait : Si tu veux faire de bonnes œuvres, va à Saint-Jacques, va à Rome, cours au couvent, fais toi moine » (1).

La vierge Marie avait détrôné Christ qu'on représentait comme un juge dur et sévère, tandis qu'elle servait elle-mème de médiateur entre Dieu et les hommes (2). « Dans bien des endroits, s'écriait Luther dans ses belles prédications de 1516 sur les dix commandements, on supprime la prédication, dans d'autres, on prêche des choses qu'il serait plus salutaire de supprimer. Ailleurs, on prêche des doctrines humaines, des doctrines que l'on va puiser dans le droit ou dans la philosophie. Quant à l'Évangile, c'est-à-dire à Christ, on en parle si ra-

(1) Luth., v. VI, p. 304.
(2) Voir Luth., v. XVI, N. e. 443 ; cf. XXIV, p. 346.
Ailleurs, en 1532, Luther dit, en parlant du trône de Jésus considéré comme un juge : Je m'y suis brûlé autrefois et suis heureux d'être venu maintenant au trône de grâce, v. XIX, p. 323.

rement qu'on en frémit quand on y pense. On contraint le
peuple à aller à l'Église, mais s'il n'obéit pas, c'est que les
prêtres qui ont reçu l'ordre d'annoncer l'Évangile ne le
font pas. Pourquoi y a-t-il lieu de s'étonner alors si le peuple se laisse entraîner par la superstition dans d'autres
Églises, puisque les prêtres dans leur grossière ignorance
ne peuvent prêcher autre chose que des fables et de vaines doctrines. Tu ne prêches pas l'Évangile et tu fais un
grand crime au peuple de courir aux idoles ? mais puisque
toi, tu abandonnes ton Église, ton ministère et la parole de
Dieu, que peut-il en résulter d'autre, si ce n'est que le peuple t'abandonne et refuse d'obéir et de t'entendre ?.... C'est
ta propre faute, si ton Église est abandonnée. Tu contrains
les brebis à entrer dans le bercail et tu leur refuses le pâturage et la nourriture (1). »

C'était, en effet, un triste pâturage et une pauvre nourriture que l'on offrait aux âmes avides de pardon et de sainteté. Ce n'était pas assez d'avoir remplacé la foi par les
œuvres, le Sauveur par Marie, on apportait encore dans la
chaire les discussions fatigantes et inutiles d'une aride scolastique. On étudiait les questions les plus absurdes et les
plus oiseuses, par exemple : Dieu pourrait-il faire un péché,
s'il le voulait, pourrait-il savoir ce que pourtant il ne sait
pas, pourrait-il revêtir la nature humaine et prendre le

(1) Luth., Op. Exeg., v. XII, p. 85.

sexe féminin ? Pourrait-il manger et boire après la résurrection.

Barlette et Menot, deux fameux prédicateurs de l'époque,
discutaient en chaire la question de savoir si Jésus-Christ
n'aurait pas été crucifié dans le cas où Judas ne l'aurait pas
trahi et si Marie aurait elle-même crucifié son fils dans le
cas où d'autres ne l'auraient pas fait. A Zurich, on prêchait sur les ouvrages de Thomas et de Scot ; à Tubingue,
Ingolstadt et bien d'autres villes encore sur l'Ethique d'A-
ristote (1).

Aristote était vraiment le Dieu de l'époque. Ce qu'il avait
écrit était parole d'Évangile et l'Évangile au contraire sem-

(1) Voir Geschichte der Veraenderungen des Geschmaks im Predigen,
von M. Philipp Heinrich Schuler, page 17-28.

Nous trouvons, à la page 16 du même ouvrage, un détail donné par
Mélanchton sur l'état de la prédication ; c'est l'extrait d'un discours
que le professeur Vinsennius de Wittemberg prononça sur la tombe
de ce réformateur :

De monacho quodam concionatore ejus loci (Tubingœ) narrare sole-
bat, quod pro concione, omissa evangelii doctrina, Ethica Aristotelis
explicasset non parvo audientium studio, qui cupidius aristotelica
cognovissent, quam fabulas aniles quibus implere templa illius barba-
ricæ superstitionis temporibus usitatum fuit. Christi mentione prorsus
neglecta et hæc recitans sæpe deplorabat cœcitatem et infelicitatem
illius sæculi. (S. des würdigen Herrn Pastor Strobels Beytræge zur
Litteratur, besonders des XVI Jahrhunderts. v. II, IIᵉ partie, page 246,
Nuremberg, 1790).

blait toujours être laissé dans l'oubli. On s'occupait d'Aristote plus que de Jésus-Christ (1). « O aveuglement, comble de l'aveuglement, s'écriait Luther, les hautes écoles sont tellement égarées qu'elles enseignent que personne ne peut devenir théologien, c'est-à-dire le meilleur chrétien, sans Aristote (2) » et prêchant un jour en 1517, lors de la fête de saint Paul, il terminait l'éloge de l'apôtre en disant : « Il est digne d'être avant tout, honoré et aimé des docteurs, mais aujourd'hui on lui préfère Aristote (3). »

Aristote était le premier objet des études dans les universités, et les prédicateurs, désireux d'étaler leur savoir en chaire ou désireux d'y faire croire, commentaient suivant toutes les règles de la scolastique, les œuvres « de cet aveugle païen, comme disait Luther, qui a, ces derniers temps, enseigné et gouverné les chrétiens plus que Christ lui-même (4). » « On avait honte, dit-il, dans ses *Propos de table*, on redoutait, on regardait presque comme absurde, indigne d'un homme, comme un véritable déshonneur de nommer Christ en chaire. On ne prononçait jamais le nom des prophètes et des apôtres, on ne citait jamais leurs écrits, mais voici quelle était la règle des prédicateurs et leur manière de prêcher. D'abord ils prenaient un sujet, une pa-

(1) Luth., v. VII, p, 348.
(2) Luth., v. X, p. 354.
(3) Luth., Op., v. I, p. 200.
(4) Luth., v. X, p. 57, 79.

role, une question dans Scot et Aristote le maître païen ; en second lieu, ils la divisaient en plusieurs parties ; troisièmement, ils en arrivaient aux *distinctiones et questionnes* Et ces prédicateurs là étaient les meilleurs; ils ne restaient pas attachés à l'Évangile, ils ne méditaient aucun texte de l'Écriture. Oui la Sainte-Écriture était couverte de voiles, inconnue, ensevelie (1). » On se livrait dans la chaire à toutes sortes d'excentricités et on y apportait « des fables et des insanités » (2) « des rêveries et des inventions humaines (3). » Barlette racontait, par exemple, comment le Seigneur avait gardé pendant trois jours le cœur de sainte Catherine que celle-ci voulait lui consacrer ; il prouvait que les Sibylles, Ovide, Virgile et d'autres auteurs païens encore avaient célébré les louanges de la vierge Marie (4) ; enfin, il faisait de l'exégèse à sa manière et s'appuyait sur le prophète Zacharie pour montrer que les ordres des Dominicains, Carmélites, Ermites et frères Mineurs étaient d'institution divine ; Jésus, sur le chemin d'Emmaüs, était pour lui le type du vrai pélerin (5).

Menot et Maillard n'avaient pas un genre de prédication moins étrange. Menot, par exemple, voulant prouver que

---

(1) Luth., v. LVIII, p. 150.
(2) Luth., Op., v. I, p. 33, 120 ; XX, p. 232 ; XVI, N. e. 161.
(3) Luth., v. XVI, N. e., p. 2, 69 : XVII, p. 156.
(4) Schuler, p. 25.
(5) Schuler, p. 29.

la danse était une œuvre du diable, choisissait pour texte le passage de Job, 1, 7, où le diable dit : *Circuivi terram* et faisait le raisonnement suivant : *Chorea est iter circulare ; diaboli iter est circulare, ergo est chorea iter diaboli* (1).

On racontait du haut de la chaire les légendes les plus ridicules, et quelquefois les plus inconvenantes; on était sûr ainsi d'intéresser son auditoire et de devenir un orateur populaire. « Si le prédicateur traite sérieusement son sujet, dit Erasme, on dort, on baille, on tousse, on se mouche, on s'ennuie, mais le discoureur entame-t-il, comme il arrive souvent, quelque conte de vieille, quelque fable de légende, l'auditoire se réveille à l'instant, les endormis se lèvent, tout le monde est attentif (2). »

C'était surtout à Pâques que les prédicateurs remplissaient leurs sermons des plus étranges récits et de véritables bouffonneries. On s'appuyait sur ce texte, Luc XXIV, 15 : *Et factum est dum fabularentur*, et on croyait que le peuple fatigué et attristé par les jeûnes et les sévères exigences du carême avait besoin, pour reprendre courage, d'entendre toutes ces risibles histoires. « On a coutume à cette époque, dit Mathésius, de prêcher des contes de Pâques et des poésies ridicules, afin de réjouir et de consoler par ces extravagants et libres bavardages les gens qui avaient été affligés pendant

(1) Schuler, page 27.
(2) Erasme, *Eloge de la folie*, traduit par Guendeville. Leyde, 1713, page 140.

le Carême par leurs pénitences et qui avaient porté et par-
tagé pendant la Semaine Sainte les souffrances du Seigneur
Jésus-Christ. J'ai entendu pendant ma jeunesse quelques
uns de ces contes, par exemple : Lorsque le fils de David,
disait-on, vint dans les vestibules des enfers et qu'il frappa
avec sa croix, deux diables mirent leur long nez en travers
en guise de verroux, mais dès que Christ eut frappé avec
force, la porte sauta violemment avec ses gonds et il coupa
le nez aux deux diables. C'est là ce que les savants appe-
laient alors : *Risus paschales* (1). »

Luther de son côté s'écrie que sur trois mille prêtres, il
n'y en a pas quatre de bons (2) et nous parle « de ces rê-
veurs, de cette race d'hommes perdus qui prêchent de faux
miracles et des légendes mensongères, montrent de fausses reliques et racontent leurs frivoles visions. L'un se
vante avec un front impudent d'avoir causé et ri avec Christ
et sa mère... m'est avis qu'il doit avoir aussi dansé avec
eux! L'autre se fait gloire de posséder quelque brins de foin
sur lequel Jésus a reposé... et ce foin, qui a poussé l'année
même, il l'a volé dans un grenier... Les prêtres ignorants
racontent ainsi un peu partout de ces sortes de fables, mais
les moines qui parcourent le pays font encore bien davantage.
Les pasteurs aiment beaucoup toutes ces légendes et ces

(1) Mathesius, Sermon VIII, page LXXVII.
(2) Luth., v. XVII, p. 104 ; XVI, N. e., 254.

indulgences qui ne sont que des fables, ils aiment tout ce que l'on peut dire, excepté l'Évangile et cela, parce que les autres choses leur rapportent de l'argent, lorsque le peuple se détourne de la vérité pour prêter l'oreille aux contes qu'on lui fait. Mais malheur, deux fois malheur à ces prédicateurs de fables ! Il serait nécessaire d'accomplir *une grande réforme* dans l'Église, afin qu'il ne fut pas permis de rien prêcher aussi bon et aussi saint que ce soit, que cela n'ait été reconnu auparavant, c'est-à-dire conforme à la vérité et au Canon, car c'est sous l'apparence de la piété que ces horribles fables se sont introduites et que les prédicateurs de l'Église ont presque surpassé les poëtes païens en fables et en mensonges (1). »

La forme des sermons ne valait guère mieux que le fond et la tenue et les gestes de l'orateur étaient à l'unisson de tout le reste.

Olivier Maillard, prédicateur de la cour à Paris, « commençait, paraît-il, par lire son texte ou indiquer le sujet qu'il voulait traiter dans ses diverses prédications. Après cela, suivait un long exorde, qui avait en général pour fond une parole de l'Écriture et que le prédicateur terminait par l'*Ave Maria*. Puis il traitait deux questions, l'une théologique, au sujet de laquelle intervenaient les opinions des plus célèbres maîtres d'école, l'autre juridique,

---

(1) Luth., Op. Exeg., v, XII, p. 498 (1516.)

tirée tantôt du droit canonique, tantôt du droit civil, et
alors, suivant l'usage des avocats, on voyait apparaitre
les chapitres, les paragraphes et les propositions. Quand
ces questions confuses, qui n'avaient souvent pas le moindre rapport avec la question principale et formaient cependant avec l'exorde les deux tiers de toute la prédication, étaient terminées, il en venait alors à la division générale. Elle comprenait toujours deux parties arrangées
en *terminos clappantes*, comme on disait alors, c'est-à-dire
qu'elles devaient avoir même rime et même cadence.

Dans la plupart de ses sermons, il montrait que la première partie avait rapport à la question principale qu'il voulait traiter pendant l'Avent ou le Carême. L'une de ces parties, et en particulier la première, était encore subdivisée
et traitée d'une manière mesquine et brève, puis, avant
qu'on s'y attendit, il terminait héroïquement avec les paroles du texte pour montrer à ses auditeurs qu'il ne l'avait
pas oublié (1).

« Les prédicateurs, dit Erasme, débutent par une invo-
cation, ce qu'ils ont emprunté aux poëtes ; ensuite ils font
un exorde qui n'a nulle liaison avec le sujet qu'ils ont à
traiter. Vont-ils prêcher sur la Charité? ils commencent
par le fleuve du Nil ; sur le mystère de la Croix ? par Bel,
ce dragon fabuleux de Babylone ; sur l'abstinence du Ca-

(1) Schuler, p. 24.

rème ? par les douze constellations du Zodiaque ; sur la foi ? par la quadrature du cercle, et ainsi du reste (1). »

Pour ce qui concerne la tenue des prédicateurs, « regardez-les gesticuler, s'écrie encore Erasme, hausser ou baisser la voix, chanter et tout d'un coup, bourdonner, prendre un nouveau visage selon le rôle, se tourmenter comme des possédés, faire retentir tout le temple de leur bruit et de leur tonnerre. C'est dans le cloître même qu'ils apprennent cette manière véhémente d'évangéliser et les moines se la communiquent les uns aux autres comme un grand secret (2). »

« Le docteur Fleck, racontait un jour Luther à ses amis, commence sa prédication en poussant des cris de joie et en faisant du tapage etc., Münzer en chantant « *Un paysan allait au bois...,* » et M. Dietrich, « *Hier nous étions tous ivres...* » .... Un sacristain, qui s'était une fois endormi à l'Église au sermon de son pasteur, avait été brusquement réveillé en sursaut par un chant de coq et avait répondu en chantant : *Et cum spiritu tuo* ; il croyait, en effet, que le prêtre avait chanté : *Dominus vobiscum* (3).

Tel était, d'après les pages qui précèdent, le triste état de décadence dans lequel était tombée la prédication du XVᵐᵉ siècle. Les rares prêtres même qui voulaient annoncer fidè-

---

(1) Erasme, *Éloge de la folie*, p. 206.
(2) Erasme, *id.*, p. 206.
(3) Luth., v. LIX, p. 197.

lement l'Évangile subissaient malgré eux l'influence funeste du milieu dans lequel ils se trouvaient et contre lequel ils essayaient de réagir. C'est le cas, par exemple, de Geiler de Kaisersberg qui a précédé Luther de très peu d'années (1).

Il était originaire de Schaffouse (1445-1510), mais il fut élevé en Alsace à Kaisersberg, dont il porta plus tard le nom. Docteur en théologie et professeur à Bâle, à Fribourg en Brisgau, il fut, en 1478, nommé prédicateur à Strasbourg, où il exerça le Ministère pendant trente deux ans. C'était un orateur populaire, à coup sûr admirablement doué et ses sermons ne sont pas sans présenter quelques beaux passages.

Un jour, par exemple, il réclame du Chrétien l'amour du prochain et pour cela il veut écarter tout motif mondain de l'origne de cet amour. « Tu dois aimer ton prochain, dit-il, parce qu'il a été créé à l'image de la Sainte Trinité, racheté par le sang de Christ et parce qu'il a part avec toi au salut éternel (2). » D'autres fois, il s'élève avec force contre les abus dont il est le témoin dans l'Église et flétrit la piété qui ne consiste que dans des œuvres extérieures « Nous

(1) Luther le cite rarement; voir cependant Op. Exeg., v. XII, page 22.

(2) Nous nous sommes servi d'une vieille édition de 1508. Predigen teütsch und vil gütter leeren des hoch geleerten Herrn Johan von Kaisersperg, ind'gœtliche Geschrifft doctor und prediger zu dem hohen Stifft unser lieben frauruen mynster der stat Strotzburg., page XL, verso, 2e colonne.

avons si longtemps jeûné, dit-il, que notre haleine en est infectée, nous avons appris toutes les Écritures, nous savons le psautier par cœur, mais les choses que Dieu demande de nous, nous ne les avons pas. Et que sont-elles donc ? Ce sont l'humilité et l'amour chrétien (1). » « Nous chantons, nous lisons, nous jeûnons, nous veillons, nous prenons souvent part au sacrement, mais nous nous en tenons seulement à ces œuvres extérieures (2). »

Ces quelques lignes nous révèlent chez Geiler un véritable esprit chrétien qui contraste certainement avec les bouffonneries d'un Barlette ou d'un Maillard, mais à côté de cela nous retrouvons chez lui quelques traces de scolastique et d'un formalisme excessif. Il affirmera un moment qu'il faut désespérer de soi-même pour n'espérer qu'en Dieu, n'accomplir de bonnes œuvres que pour plaire à Dieu et dans le sentiment qu'elles sont toutes entachées de péché (3), et une autre fois, il verra dans la vie du couvent le type de la vie chrétienne (4) et approuvera sans réserve les prières récitées en latin que les pauvres gens ne comprennent pas : Dieu les comprend et cela suffit à Geiler, l'Église de son côté se déclarant satisfaite (5). Rien n'est effi-

---

(1) Geiler, p. XLIV, 1re colonne.
(2) Geiler, p. LIV, 1re colonne.
(3) Voir Geiler, p. XXVI, verso, 1re colonne.
(4) Voir Geiler, p. XLIX et suiv.
(5) Voir Geiler, p. XXXII, verso, 1re colonne.

cace comme Notre Père récité par un enfant en faveur de quelqu'un (1).

L'allégorie joue un grand rôle dans son interprétation des Écritures. « D'après lui, Léa désigne la Convoitise ; Rachel, la Raison ; les enfants qui en Egypte sont jetés à l'eau sont les mauvaises passions ; les trois jours que les Israëlites mirent à aller d'Egypte à la mer Rouge sont les trois facultés de l'âme, la mémoire, la raison et la volonté. Pas de plus bel homme sur la terre que Jésus ; pas de plus jolie femme que Marie, mère de Dieu : après eux, Joseph était l'homme le plus joli, non pas seulement de corps, mais il possédait aussi toutes les vertus, car Ovide dit que ce sont deux personnes semblables qui doivent se marier, donc Joseph était le jeune homme le plus joli. Si Marie, la mère de Dieu, a été la plus belle femme de corps et d'âme, comment lui aurait-on donné pour mari une tête refrognée ou une bouche béante (2). »

Geiler a un amour trop souvent malheureux pour les comparaisons. Dans un excellent sermon sur le pèlerinage du chrétien, où il entreprend d'énumérer les *dix-huit* conditions que doit remplir le pèlerin en route vers l'Éternité, après avoir parlé de l'importance de la foi et rappelé que

---

(1) Voir Geiler, p. xxxiii, 1re et 2e col.

(2) Geiler von Kaisersbergs Leben, Lehren und Predigen dargestellt von D. Friederich Wilhelm Philipp von Ammon. Erlangen, 1826, page 109.

saint Bernard, au moment de la mort, ne trouva pas la paix dans le sentiment que ses œuvres avaient été bonnes, mais dans la foi en Jésus Christ (1), il se met à comparer la souffrance à de la monnaie, la patience au chapeau du pèlerin et ainsi de suite.

Quelquefois, c'est à côté d'une fort belle image que se trouve la comparaison la plus triviale. Qu'on en juge par ce passage emprunté à l'un de ses sermons sur la vie contemplative : « Le cœur de l'homme, dit-il, est semblable à un fromage plein de vers qui gigottent furieux les uns contre les autres. Il est aussi semblable à une mer toujours agitée et que le vent met en furie. Mais Dieu est celui qui peut rendre le calme au cœur de l'homme, celui qui commande au vent et la mer s'apaise..... (2) » Il est impossible de rapprocher une plus belle comparaison d'une comparaison plus repoussante.

Ammon, dans son étude sur Geiler le montre, comparant Jésus, dormant sur le bateau pendant la tempête, à un lièvre avec les yeux ouverts, la Sainte Cène, à du pain d'épices, dont il énumère toutes les qualités, le mode de préparation etc, la vie chrétienne, à un civet (3).

Ces discours émaillés de toutes ces heureuses allégories trouvaient, paraît-il, beaucoup d'admirateurs, ce qui ne ré-

(1) Geiler, p. XXXIX, verso, 1re colonne.
(2) Geiler, p. X, verso, 2e colonne.
(3) Ammon, pages 109, 123.

vèle pas plus de goût chez les fidèles que chez le prédicateur. Cependant, il nous est dit qu'après avoir suivi, pendant les premiers temps de son ministère, la méthode des
moines mendiants qui, en particulier, pendant la pas-
sion prêchaient quatre, cinq ou six heures même de
suite, il y renonça, lorsqu'il vit que ses auditeurs s'en-
dormaient et il ne prêcha, désormais, pas plus d'une
heure.

Animé d'un véritable amour pour les âmes, capable de
flétrir avec une énergie vraiment chrétienne, sans accep-
tion de personnes, les vices du clergé et de la société au
sein de laquelle il vivait, Geiler fut donc, dans un certain
sens, un grand prédicateur. Il appartient d'un côté au
moyen âge qui s'en va, de l'autre à la réforme qu'il prépare
et qu'il pressent. Doué d'une imagination très vive, il man-
qua toutefois d'originalité et il n'est, quant au fond, qu'un
écho affaibli de ceux qu'il avait choisis pour maîtres : Chrysostôme, Bernard de Clairvaux, Gerson ; quant à la forme,
il allégorise constamment, et sans avoir peut-être l'esprit
de plusieurs prédicateurs de l'époque, il en avait tout le
mauvais goût.

A sa mort, l'état général de la prédication n'avait point
changé et il devenait tous les jours plus nécessaire que
quelqu'un donnât une impulsion nouvelle et montrât enfin
ce que doit être le vrai discours chrétien. Geiler de Kaisersberg n'avait pas su être cet homme-là. Il fallait, en effet,

pour accomplir cette œuvre, ne pas être seulement orateur mais avant tout un Réformateur.

Geiler, sans doute, désirait la Réforme, il la voulait, il l'annonçait même, mais Dieu ne l'avait pas choisi pour en être l'instrument. « Parce que, s'écriait-il, ni pape, ni empereur, ni roi, ni évêque ne se mettent à réformer notre vie privée d'âme, d'esprit, de Dieu. Eh bien, Dieu lui-même enverra quelqu'un qui saura relever la religion. Combien je désirerais vivre assez longtemps pour voir ce jour, pour me faire le disciple de ce Réformateur à venir ! Mais, si je suis trop avancé en âge, vous ne l'êtes pas, plusieurs d'entre vous le verront ! N'oubliez pas ma prophétie, ne l'oubliez pas ! (1) »

Geiler n'était pas le seul à prophétiser ainsi. Sébastien, prédicateur à Erfurt, annonçait du haut de la chaire « que le temps viendrait où on lirait l'Évangile dans le livre même de l'Évangile, quelques-uns, ajoutait-il, vivront assez pour le voir, mais moi je ne vivrais pas assez pour cela (2). »

A Magdebourg, le vieux Proles, provincial de l'ordre des Augustins, pressentait de son côté des temps nouveaux. « Le Seigneur, disait-il, suscitera un héros puissant par

---

(1) Adolphe Schœffer, *Un prédicateur catholique au XVe siècle*, page 45.

(2) Die bedeutensten Kanzelredner der Lutherischen Kirche des Reformationszeitalters in Biographien und einer Auswahl ihrer Predigten dargestellt von Wilhelm Beste. Leipsig 1856, page 3.

l'âge, les forces, l'activité, la science, l'intelligence et l'éloquence. C'est lui qui commencera la Réformation et s'élévera contre les erreurs. Et Dieu lui donnera le courage pour oser contredire les adversaires, et, avec la bénédiction de Dieu, vous verrez son œuvre de salut (1)... » Enfin on connait le mot de Jean Huss écrivant en Bohême, au fond de sa prison. « Ils rôtiront maintenant une oie (*huss* signifie oie), mais dans cent ans, ils entendront chanter un cygne et il leur faudra le supporter (2). »

Ainsi de toutes parts se faisait entendre des voix annonçant la délivrance ; le monde était plongé dans un immense malaise ; on avait soif de quelque chose de mieux et l'on essayait de tourner avec espérance les regards vers l'avenir. Du reste maintenant les temps étaient mûrs et celui qui devait réformer l'église et réformer la prédication pouvait paraître. Ce fut Luther.

(1) Beste, p. 15.
(2) Luth., v. XXV, p. 88. Luther s'applique lui-même cette prophétie.

CHAPITRE I.er

LA VOCATION

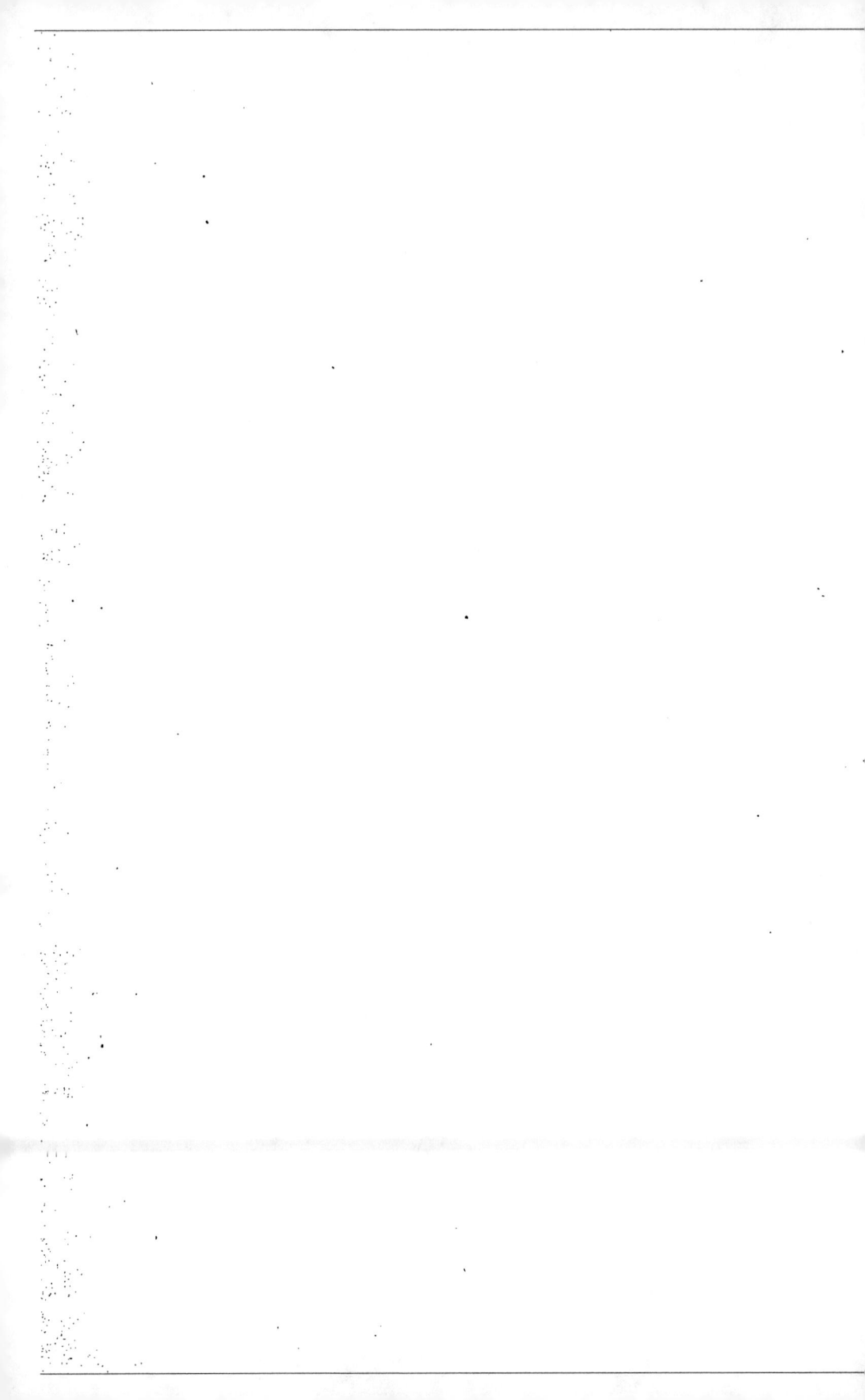

CHAPITRE Ier

La Vocation

C'est dans l'antique salle du réfectoire, au couvent d'Erfurt, devant un auditoire de trente moines environ, que Luther fut appelé à prêcher pour la première fois de sa vie.

Sur les sermons de cette époque nous n'avons pas de détails : assurément, il les prononçait en latin, comme il le fit, du reste plus tard, lorsqu'il méditait le dimanche matin la parole de Dieu avec les moines Augustins de Wittemberg (1). C'est à ces toutes premières prédications qu'il fait probablement allusion, en 1540, lorsqu'il dit « qu'il a vécu au sein de l'impie et abominable moinerie..... et qu'il a

(1) Deuteronomion Mose. Luth., Op. exeg., v. XIII.

prêché l'erreur et la séduction (1). » Plus souvent peut-être,
au lieu de composer un sermon lui-même, se bornait-il, suivant un vieil usage, à lire devant ses frères quelque
Homélie d'un Père de l'Eglise. — Il ne nous est donc pas
possible, d'après cela, de faire commencer à Erfurt la carrière de prédicateur de Luther, et c'est à Wittemberg seulement que nous le voyons se mettre vraiment à l'œuvre.
Il y fut appelé comme professeur de l'Université, dans
l'automne de l'année 1508.

A l'entrée de la ville s'élevait le vieux couvent des
Augustins où l'attendait, au fond d'une vaste cour, une mo-
deste chambre de moine. Là, dans le recueillement et le
silence, il partagea les heures de ses solitaires journées,
entre les études nécessaires à la préparation de ses cours
et l'accomplissement des travaux que lui imposait le cloître.
Mais il fut bientôt après son arrivée appelé à remplir encore de nouveaux devoirs. A la prédication ordinaire du
réfectoire vint s'ajouter pour lui celle de la chapelle du
couvent. Ce fut Staupitz qui le contraignit à accepter cette
tâche malgré la crainte qu'elle lui inspirait.

Luther se plaisait plus tard à raconter ses premières hésitations. « Un jour, lisons-nous dans ses *Propos de table*,
que le docteur Martin était assis dans sa cour sous un poirier, il demanda à Antoine Lauterbach comment il réussis-

(1) Luth., v. VI, p. 173.

sait dans son ministère. Comme celui-ci se plaignait de ses difficultés, de ses tentations et de sa faiblesse, le docteur Martin lui dit : Eh ! mon cher, il en a été de même pour moi ; je redoutais la chaire autant que vous, mais il fallut marcher. On me força à prêcher, et, pour la première fois, je dûs prêcher aux Fratribus, dans le réfectoire. Oh ! combien j'avais peur de la chaire !..... J'avais bien quinze arguments à opposer au docteur Staupitz, ici sous ce poirier, pour repousser ma vocation, mais cela ne servit à rien. A la fin, comme je lui disais : M. le docteur Staupitz vous allez me tuer, je ne vivrai pas le quart d'une année, il me répondit : Bien, qu'il en soit ainsi au nom de Dieu ! Le Seigneur notre Dieu a beaucoup d'affaires, et là haut il a besoin aussi d'hommes habiles (1). »

On comprend que le doyen de la faculté de théologie de Wittemberg (2) pût rencontrer chez le jeune professeur de telles résistances, car la situation n'était plus la même qu'au cloître d'Erfurt. L'œuvre devenait plus importante et la responsabilité plus grande : aux frères du couvent venaient se joindre, comme auditeurs, les habitants de la ville.

Conscience délicate, Luther avait le sentiment de la grandeur de la tâche qu'on lui imposait. Sans doute il com-

(1) Luth., v. LIX, p. 185.
(2) Staupitz fut le premier doyen de la Faculté de théologie de Wittemberg.

prit mieux plus tard que « prêcher Christ est une œuvre
bien difficile et bien dangereuse (1), » difficile, car, suivant
son étrange langage, « le but du ministère est de faire
obéir de vieux chiens et d'amener à la piété de vieux fri-
pons (2), » dangereuse, car on a charge d'âmes et un jour
viendra « où il faudra rendre compte à Dieu (3). » Mais il se
faisait déjà de la sainteté de Dieu une idée trop haute pour
oser devenir son ministre à la légère. Nous découvrons
aussi chez lui ces sentiments de crainte et ces scrupules de
conscience, lorsque vint l'heure solennelle de son ordina-
tion à la prêtrise (2 mars 1507). Au moment où il se rendait
devant l'autel pour célébrer, selon l'usage, sa première
messe, le sentiment de la majesté de Dieu et de la sainteté
du culte lui inspira une frayeur telle qu'il allait s'enfuir, si
un signe de son supérieur ne l'en avait empêché. « J'en
serais presque mort » disait-il plus tard, en se rappelant ces
souvenirs.

Prêcher l'évangile, la parole même de Dieu, inspirait au
jeune professeur de Wittemberg de semblables craintes ;
mais il ne tarda pas à voir, dans ces sollicitations de Stau-

(1) Luth., v. LIX, p. 182.
(2) Luth., v. XX, p. 40.
(3) Luth., v. XX, p. 304 ; N. e., v. XVI, p. 296.
Hoc est officium episcopi prædicare. At nunc nihil ita facile curatur
sicut prædicatura. Passim omnes spernunt, cum id solum fuerit cum
tremore curandum. Magna res est, verus et fidus prædicator, etc.
Op., v. I, p. 144.

pitz, un appel de Dieu et il accepta, quoique tremblant.

Plus il avança dans sa carrière, plus il eut le sentiment qu'il était un instrument entre les mains de son Père céleste, plus il eut conscience de sa vocation. S'il disait plus tard que « le prédicateur doit avoir la certitude qu'il a été appelé par Dieu au ministère (1), » il pouvait dire aussi : « Je sais et j'ai la certitude que ce n'est pas de moi-même que j'ai reçu mon ministère ; je n'y suis pas entré de force mais j'y ai été appelé et j'ai même été choisi contre ma propre volonté pour prêcher l'Evangile (2). » « Je suis un prédicateur appelé », s'écriait-il (3).

Luther a toujours beaucoup insisté sur la nécessité d'une vocation réelle et sérieuse (4). Vers 1523 surtout, où Carlstadt et les faux prophètes n'hésitaient pas à s'attribuer une mission reçue directement de Dieu, il revint souvent sur ce sujet dans ses prédications comme dans ses écrits. Il ne veut pas seulement que ceux qui annoncent l'Evangile au monde soient vraiment convertis, car « quiconque veut réveiller les autres doit pour cela ne pas dor-

(1) Luth., v. XLVIII, p. 136 ; cf. X, 39.
(2) Luth., v. XXVIII, p. 243.
(3) Luth., v. XXXIX, p. 256.
(4) Celui qui enseigne sans avoir été appelé, n'enseigne pas sans dommage pour lui et pour ses auditeurs et cela parce que Christ n'est pas avec lui. Luth , v. XV. p. 11. Sur la nécessité d'une vocation, voir Op. II, p. 306 ; VIII, 314 ; X, 39 ; XV, 244, 245, 312 ; XXXIX. 255 ; XLVIII, 139 ; L, 293, 295 ; LI, 388, etc...

mir lui-même (1) », mais il veut de plus qu'ils se sentent appelés, sans le moindre doute, à entrer dans cette sainte carrière. D'après lui, on peut y être appelé de deux manières différentes : «en premier lieu, sans intermédiaire, par Dieu directement ; en second lieu, par Dieu encore, mais par l'intermédiaire des hommes. Il ne faut croire à la première vocation que si elle est accompagnée de miracles, comme cela s'est passé pour Christ et ses apôtres qui confirmaient leurs prédications par des signes..... La seconde vocation est celle de l'amour, lorsqu'on choisit, par exemple, pour être évêque ou prédicateur quelqu'un en qui l'on a la confiance qu'il possède la parole de Dieu et qu'il est capable de l'annoncer aux autres par ses enseignements et ses prédications (2). »

Staupitz fut précisément l'intermédiaire dont Dieu se servit pour appeler Luther à la glorieuse charge d'ambassadeur de Christ, et, peu de temps sans doute après son arrivée à Wittemberg, le jeune professeur entreprit sa nouvelle tâche. Tout nous fait supposer que ce ne fut pas plus tard. Nous savons que l'électeur Frédéric vint l'entendre en 1512, et fut charmé de sa prédication. Si, à cette époque, Luther avait acquis quelque réputation, cela nous autorise à penser que le public de Wittemberg l'entendait déjà prêcher depuis quelques années.

(1) Luth., v I, p. 74.
(2) Luth., v. XV, p. 5, 6 ; cf. XIII, 266.

L'auditoire se composait, d'un côté, des moines Augustins, de l'autre des habitants de la ville. Ces derniers paraissent avoir formé alors une population peu intéressante.

Wittemberg ressemblait à un village, et présentait, avec ses maisons délabrées, un aspect qui n'avait rien de bien attrayant. Les étrangers et les étudiants l'animaient, sans doute, dans une certaine mesure, mais ils ne communiquaient guère la vie intellectuelle aux habitants qui avaient peu soif d'instruction et de progrès. Luther s'en plaint une fois. « Il n'est pas de bourgeois, s'écrie-t-il, qui fasse étudier son fils, et pourtant ils ont un grand exemple sous les yeux, toute une foule d'étudiants et d'étrangers (1). »

Au point de vue religieux, les Wittembergeois étaient ou aussi superstitieux ou aussi indifférents qu'on pouvait l'être alors. Frédéric le Sage, à la piété duquel se trouvaient naturellement mêlées toutes les erreurs du temps, avait réuni à Wittemberg un nombre considérable de reliques qui attiraient chaque année de grandes foules de pèlerins. Rien d'étonnant que toutes ces pratiques superstitieuses, dont la population Wittembergeoise était journellement témoin, aient contribué à rendre sa piété surtout extérieure et formaliste. Du reste on était avant tout fort indifférent et on se préoccupait peu des choses sérieuses. « Vous voyez, disait Luther, comme le peuple est ici peu aimable ;

(1) Luth., v. LXII, p. 422.

comme il se soucie peu de l'honnêteté, de la politesse, de la religion (1). »

C'est à ce peuple là que le moine Augustin, aujourd'hui professeur, était appelé à annoncer l'Evangile.

Ses débuts furent modestes. La chapelle du cloître où se célébrait le culte était un local exigu et de chétive apparence. « On avait commencé, nous raconte Myconius, de rebâtir à Wittemberg le couvent des Augustins, mais il n'y avait de construit que la maison dans laquelle habite encore aujourd'hui le docteur Martin. On avait posé les fondements de l'église, mais ils arrivaient seulement jusqu'au niveau du sol. Au milieu de ces fondements s'élevait une vieille chapelle faite de bois et d'argile. Elle était très délabrée, soutenue de tous côtés, et mesurait, comme je l'ai vu, environ trente pieds de long et vingt de large. Elle avait une vieille petite tribune toute noircie qui pouvait contenir vingt personnes à grand peine. Contre le mur, du côté du midi se trouvait une chaire en vieilles planches toutes brutes, toute petite, haute environ d'une aune et demi..... Bref, poursuit notre historien, elle ressemblait en tous points à l'étable de Bethléhem, dans laquelle le Sauveur est né, telle que la représentent les peintres ; c'est ainsi que la petite église, dans laquelle Jean Huss à prêché à Prague, s'est aussi appelée Bethléem. C'est là, dans cette pauvre,

(1) Luth., v. LXII, p. 422.

misérable et pitoyable chapelle, que Dieu dans ces derniers
temps a fait renaître son saint et précieux Evangile et le
cher petit enfant Jésus et il l'a dépouillé de ses langes et
montré au monde combien Jésus est un enfant aimable et
beau, plein de consolation et de salut. C'est de lui que nous
tenons et que nous recevons tout notre bonheur, l'acquit-
tement de nos péchés et la vie éternelle. Ce n'est pas une
église, un édifice ou une cathédrale de la terre (et il y en
avait alors plusieurs centaines de mille) que Dieu a choisi
dans ses desseins (car ces églises les méprisaient), mais il a
choisi cette pauvre petite chapelle de mauvaise apparence.
C'est de là qu'est sorti l'esprit enflammé de la bouche du
Seigneur et qu'il a soufflé sur l'Ante-Christ (1).

Ce fut donc là qu'on entendit prêcher pour la première
fois celui qui devait être quelques années plus tard le grand
prédicateur de la Réforme et dont la voix puissante devait
ébranler le monde. La petitesse et l'obscurité dans les débuts, la grandeur et la gloire dans les résultats sont toujours les marques de l'œuvre de Dieu sur la terre. Comme
le grain de sénevé qui n'est qu'une petite semence, mais
qui finit par être un arbre où les oiseaux du ciel viennent
bâtir leurs nids, ainsi la prédication de la Réforme, qui re-
tentissait pour la première fois dans la chapelle inconnue
d'une petite ville de la Saxe, devait bientôt franchir ces

_____

(1) Myconius, chap. v, p. 25.

étroites limites et se répandre jusqu'aux extrémités de la
terre. Et l'homme que Dieu chargeait d'accomplir cette
grande œuvre n'était lui-même qu'un pauvre moine, faible
et chétif en apparence.

C'était alors un homme jeune (1), d'une taille moyenne,
dont la figure sympathique exprimait à la fois la douceur et
la sévérité. Ses traits amaigris et sa pâleur révélaient une
âme qui avait souffert : Les angoisses spirituelles, les
études, les macérations, les veilles, les abstinences qu'il
s'était si longtemps imposées, tout cela avait profondément
creusé son visage et lui avait imprimé en même temps le
caractère d'une austère énergie. Il avait le front large et
découvert, la tête légèrement inclinée en arrière et son
regard vif et pénétrant semblait se détacher de la terre
pour se diriger vers le ciel. Ses beaux yeux noirs, qui quelques années plus tard firent trembler Cajétan (1) et produisirent sur le légat Aléandre une telle impression, qu'il
les appelait « des yeux diaboliques » étaient en réalité
singulièrement profonds : un contemporain disait qu'ils
brillaient comme des étoiles. Cet éclair du regard, signe
d'une intelligence supérieure, commandait le respect et

---

(1) Voir pour tous ces détails *Kœstlin. Luthers Leben*, v. I, p. 258,
535; v. II, p. 508.

(1) Cajetan disait en parlant de Luther : « Je ne veux plus parler
avec cette bête Allemande, car elle a des yeux profonds et d'étranges
spéculations dans la tête. »

pouvait même inspirer à quelques-uns un certain sentiment
de crainte, mais à la pénétration de ce regard qui subju-
guait les cœurs, se mêlait je ne sais quelle bienveillance
qui les attirait. Aussi, quand sonne l'heure du culte à la
petite chapelle de Wittemberg et que le jeune prédicateur,
enveloppé dans les plis d'une robe grossière, gravit lente-
ment les degrés de la chaire du couvent, l'auditoire recueilli
attend avec impatience qu'il prenne la parole. Sa voix claire
et harmonieuse se fait alors entendre ; elle n'a rien de re-
tentissant, mais elle est distincte, sonore et agréable, et,
quand il le faut, vraiment énergique ; d'ordinaire douce et
sympathique, elle sait être aussi à l'occasion mordante et
railleuse. Tel était, en peu de mots, notre orateur en
l'année 1515.

Joignons-nous maintenant aux fidèles qui se rendent à la
petite chapelle du couvent des Augustins à Wittemberg
pour y entendre parler le jeune professeur de l'Université,
le moine Martin Luther.

CHAPITRE II

LES SERMONS DE 1515

CHAPITRE II

Les Sermons de 1515

Il faut remonter à l'automne de l'année 1515 pour trouver le plus ancien document de la prédication de Luther ; c'est le fragment d'un sermon prêché le jour de la Saint-Martin. Ces quelques lignes sont pour nous du plus grand intérêt. Elles contrastent singulièrement tout d'abord avec les discours des prédicateurs du temps dont nous avons essayé de donner une idée dans notre Introduction. On est même surpris de voir à quel point ce débris résume déjà l'enseignement de la vie entière de notre Réformateur et met en relief le caractère distinctif que doit revêtir plus tard sa prédication.

« Celui qui veut lire la Bible, dit-il, doit prendre garde de ne pas se tromper. On peut faire dire à l'Ecriture ce

5

qu'on veut, mais personne ne doit la traiter d'après ses propres inspirations. Il faut l'apporter à la source, c'est-à-dire à la croix de Christ. Ainsi seulement on arrivera à la comprendre avec certitude et à ne pas se tromper. Ne prêche qu'une seule chose, la Sagesse de la Croix, c'est-à-dire qu'il faut compter l'homme pour rien et apprendre à douter de soi-même pour n'espérer qu'en Christ (1). »

Ainsi les deux grandes idées qui ont enfanté la Réformation se retrouvent déjà dans cet ancien document de la pensée de Luther (2) : La Bible et la foi en Christ et la Bible éclairée à la lumière de la croix de Christ. C'était le résumé des expériences qu'il venait de faire au couvent. Staupitz et le moine inconnu d'Erfurt l'avaient conduit à Christ et Christ lui avait donné le pardon et la paix. Staupitz lui avait dit de lire la Bible pour devenir un bon théologien, et, obéissant à ses conseils aussi bien qu'aux besoins de son cœur, le jeune moine s'était livré avec ardeur à l'étude de l'Ecriture, et lui qui, jusqu'à l'âge de vingt ans, n'avait jamais vu de Bible et croyait encore, lorsqu'il était étudiant, qu'elle renfermait seulement les fragments d'Evangiles et d'Epitres choisis par l'Eglise, il la connaissait si bien maintenant qu'il pouvait dire sans risque de se trom-

(1) Op. v. I, p. 88.
(2) Trois lettres seulement nous ont été conservées, qui sont antérieures à 1515. Voir De Wette, v. I, p. 3... et les Cours sur les psaumes. Seidemann, Dresde, 1876.

per sur quelle page se trouvait tel ou tel texte. Nourri par cette fortifiante lecture de la parole de Dieu, dont il disait, plus tard que « c'est une parole qui vit et qui donne la vie (1), » et racheté par un Sauveur « dont le pardon l'avait fait renaître et lui avait, pour ainsi dire, ouvert les portes du paradis (2), » il pouvait bien s'écrier : « Ne prêche qu'une seule chose, la Sagesse de la Croix, et, pour comprendre la Bible, apporte-la à la source, c'est-à-dire à la croix de Christ. » Et pourtant Luther ne devait pas à ses débuts rester dans ses prédications toujours fidèle à ce programme ; s'il est vrai qu'il était alors au lendemain d'expériences bénies dont le souvenir remplissait son cœur, il n'est pas moins vrai qu'il se trouvait dans un milieu où régnait un tout autre esprit.

Aristote et la Scolastique formaient alors l'une des branches principales de l'enseignement dans l'Université et il avait eu lui-même, dès son arrivée à Wittemberg, un cours à faire sur l'Ethique et la Physique du grand philosophe, dont l'autorité avait été souveraine pendant tout le moyen âge.

Entouré d'hommes qui se livraient à ces études et qui en apportaient dans la chaire toute la fatigante aridité, Luther devait naturellement subir l'influence générale. Un sermon de Noël 1515, en fournit la preuve. Le jeune moine

(1) Luth., v. XIII, p. 47.
(2) Luth., Op., v. I, p. 23.

Augustin, pour faire de la scolastique à sa manière et suivre quelquefois, par exemple, au sujet d'Aristote, une voie opposée à celle des prédicateurs du temps, n'en présente pas moins divers traits de ressemblance avec eux.

Son texte est le premier verset du prologue de Jean : « Au commencement était la Parole. » Dans un court exorde, il remarque la difficulté de son sujet : « Puisque cet évangile, dit-il, est lu dans ce jour de fête, il serait mal de n'en rien dire. Aussi quoiqu'il soit fort élevé et difficile, essayons toutefois, autant que cela nous sera possible, d'en comprendre quelque chose. Considérons donc d'abord le commencement lui-même d'après le sens littéral, mais, avant tout, il faut remarquer que Jean comprend ici sous le mot Parole le fils de Dieu. Nous verrons plus tard comment et pourquoi cela. Par conséquent il revient au même de dire la Parole ou bien le Fils de Dieu ou Christ en qui il faut voir Dieu (1). »

Après cette courte introduction, Luther aborde son sujet. La seconde moitié du sermon est seule divisée en deux parties appelées Corollaires, mais, en réalité, voici comment, pour jeter un peu de clarté dans ces quelques pages, on peut considérer l'enchaînement des idées. D'abord une partie dans laquelle Luther expose les qualités spéciales de la Parole et montre qu'elle est le Fils de Dieu, puis une

(1) Luth., Op., v. 1, p. 41.

seconde partie dans laquelle il cherche à expliquer comment Christ est la Parole et enfin une troisième plus courte où il essaie de tirer de ce qui précède une application pratique.

La Parole est éternelle, telle est sa première affirmation. « Le commencement de toutes choses n'était pas dans la Parole, mais la Parole a commencé en elle-même et la Parole était déjà quand le commencement commençait. C'est pourquoi elle n'a pas de commencement, elle n'a été ni faite, ni créée, mais elle était déjà au commencement (1). » En second lieu, cette Parole est distincte de Dieu et pourtant elle n'est pas autre chose que Dieu. « La Parole était auprès de Dieu, est-il dit ; il faut distinguer ici le Père du Fils, puisque, alors que rien n'existait et ne prenait vie, le Fils était auprès de Dieu. Il est bien clair qu'il faut le distinguer de celui auprès de qui il était et cependant comme il n'existait rien alors en dehors de Dieu, il faut en conclure nécessairement qu'il était aussi Dieu, comme il est dit ensuite : « Et la Parole était Dieu (2). »

Cette dernière expression de l'apôtre n'a été écrite, pense Luther, qu'en vue des Ariens « les plus grands hérétiques du monde » qui nient que la Parole était Dieu (3). Il en est de Dieu et de la Parole comme du soleil et de ses rayons.

(1) Luth., Op., v. I, p. 42.
(2) Luth., Op., v. I, p. 42.
(3) Luth., Op., v. I, p. 43.

Le rayon ne fait qu'un avec le soleil et n'est pourtant pas
le soleil lui-même. « Quoique la Parole soit différente de
Dieu, elle n'est pourtant pas différente et n'est pas un autre
Dieu, mais le même Dieu, c'est-à-dire que tout ce qui appartient à l'essence de Dieu ou à la plénitude de la Divinité
et toute la Divinité constituent la Parole, parce qu'il n'y a
qu'un Dieu, en sorte que Dieu tout entier est dans la Parole
et Dieu tout entier est dans le Père. Tout ce que Dieu est,
le Père l'est et tous ce que Dieu est, le Fils l'est. *Quicquid
est Deus, hoc est Pater et quicquid est Deus, id ipsum est
Filius* (1). » Il faut donc repousser cette explication des
logiciens modernes qu'ils appellent « *completam* » et distinguer entre « *quicquid* » qui est neutre, *quicquid est Deus...*»
et « *quisquis* » qui est masculin « *quisquis est Deus.* » Leurs
raisonnements ne sont que « *fallacia figuræ dictionis* (2). »

Les syllogismes ne sauraient convenir à ces questions
divines. Ce qui est certain, c'est que la Parole n'est pas
autre chose que le Fils. La preuve est le verset 14 : Et la
Parole est devenue chair, et un peu plus loin : Nous avons
vu sa gloire, comme la gloire du Fils unique de Dieu.
Pourquoi donc, s'il s'agit du Fils de Dieu, l'apôtre Jean
l'appelle-t-il *la Parole?* Pour deux raisons, la première,
c'est que Jean a pris son commencement dans le commencement de la Genèse, car ces paroles : « Au commence-

(1) Luth., Op., v. I, p. 42.
(2) Luth., Op., v. I, p. 44.

ment était la Parole et la Parole était Dieu, » sont une conclusion nécessaire de la parole de Moïse : « Que cela soit et cela fut, » en sorte que Moïse l'a appelé la Parole avant Jean (1). La seconde raison, c'est que l'apôtre a pu ainsi nous faire mieux comprendre la Divinité du Fils et la pluralité des personnes dans une seule nature (2).

Les lignes qui précèdent, on le voit, ne ressemblent guère à ce que nous connaissons déjà de la prédication de Luther et si nous avons pu découvrir tout à l'heure les pensées fondamentales sur lesquelles s'élèvera l'édifice de la Réformation, nous ne saurions ici pressentir dans ce sermon de Noël l'homme qui dira plus tard : « J'enseigne de la manière la plus simple que je puis, afin que l'homme du peuple, les enfants et les serviteurs puissent comprendre. Les savants connaissent déjà ces choses et ce n'est pas à eux que je prêche (3). » Nous sommes ici bien loin de la simplicité qui convient à des enfants et à des servantes, mais ce qui excuse peut-être Luther, c'est qu'il a eu ce jour-là plus spécialement en vue les moines qui composaient comme d'habitude une notable portion de son auditoire.

La seconde partie du sermon à laquelle nous arrivons maintenant est plus subtile, obscure et confuse que la pre-

(1) Luth., Op., v. I, p. 45.
(2) Luth., Op , v. I, p. 46.
(3) Luth., v. LVIII, p. 258.

mière. Pour expliquer tout ce qui précède, Luther distingue deux sortes de Paroles, l'une qui est intérieure et l'autre qui est extérieure; la première est de beaucoup supérieure à la seconde parce qu'elle agit sur le cœur avec plus de puissance....., parce qu'elle est l'expression de la Sagesse, de la vérité et de l'intelligence de l'homme et peut être révélée au dehors par la parole de la bouche. Cette parole intérieure n'est autre chose au fond pour Luther que la pensée. C'est, nous apprend-il, comme quand on dit : « Il se parle à lui-même ou bien mon cœur me dit cela (1). »

Après ces quelques mots d'explication, il applique à Dieu ce qu'il a dit de l'homme. Dieu se parle à lui-même et sa parole est parfaite. C'est d'elle dont parle Jean. Elle reste en Dieu. Personne ne la connaît que le Père. Elle est la sagesse, la vérité, la pensée de Dieu et elle ne s'exprime qu'en devenant chair. Le premier Corollaire met en garde contre Satan, dont la parole intérieure a plus d'influence sur nous que la nôtre propre. Il faut donc se méfier de lui qui peut nous aveugler et « là où il n'y a que mal, ne nous faire voir aucun mal, et là où tout est bien, ne nous laisser voir aucun bien (2). » Le second Corollaire commence tout d'abord par identifier avec Christ la parole extérieure, comme il l'avait été précédemment avec la parole intérieure.

(1) Luth., Op., v. 1, p. 46.
(2) Luth., Op., v. I, p. 48.

Plus loin, Luther en arrive, à travers beaucoup de nuages, à parler du mouvement en Dieu. Il cite et discute à ce propos les affirmations d'Aristote sur l'essence de Dieu. Il termine toutes ces discussions philosophiques en disant : « Ainsi se passent les choses dans ce domaine divin. Dieu est continuellement en mouvement et en repos (qu'on me pardonne d'exprimer si mal de si grandes choses). Le Fils procède du Père dans le mouvement et le Saint-Esprit dans le repos, car le Saint-Esprit est le terme de l'émanation de Dieu. Le mouvement procède continuellement du Père et c'est là le Fils et puis du Père et du Fils procède continuellement le repos dans lequel ce qui est mis en mouvement et le mouvement lui-même prennent un terme. Mais le mouvement est éternel et le repos est aussi éternel. Voyez donc combien la philosophie d'Aristote rend de services à la théologie, lorsqu'on la comprend et l'applique, non pas comme il le voudrait, mais mieux qu'il n'aurait su le faire lui-même, car il a parfaitement bien exprimé les choses, mais je crois que tout ce qu'il expose et tout ce dont il se fait gloire, il l'a tout simplement volé quelque part (1). »

Luther a pourtant conscience que tout ce qui a fait l'objet de son discours est un peu obscur et il s'écrie : « O pardonne-moi, mon Dieu, de parler d'une manière si indigne

(1) Luth., Op., v. I, p. 53.

de ta nature cachée, quoique je le fasse en gravissant les degrés que tu as toi-même établis (1). »

Vient ensuite ce que nous avons appelé la troisième partie. « Arrivons maintenant aux mœurs, dit Luther, c'est-à-dire à l'application pratique et apprenons avant tout que comme le Fils de Dieu est devenu chair, de même la chair doit devenir Dieu, car la Parole s'est faite chair précisément pour que la chair devienne la Parole. Dieu est devenu homme afin que l'homme devienne Dieu (2). » Plus loin, il ajoute que, si nous acceptons la Parole, il faut nous abaisser et renoncer à nos propres sentiments pour devenir semblables à ce que nous aurons reçu (3).

Cette troisième partie, qui semblait s'annoncer comme une application pratique, cesse bientôt de l'être. Luther se laisse entraîner par le courant de sa pensée et tandis que plus tard il mêlera toujours la pratique à la doctrine, ici il mêle partout à la pratique la spéculation, si bien qu'on finit par oublier le but pratique, en se retrouvant au milieu de nouvelles affirmations philosophiques. Il revient encore à Aristote, le cite, le discute et finit en disant : « Cette belle philosophie qui est comprise de bien peu de gens est fort utile à la haute théologie. Ainsi, par exemple, Dieu, objet du bonheur, est l'essence même des bienheureux, sans la-

(1) Luth., Op., v. I, p. 53.
(2) Luth., Op., v. I, p. 53.
(3) Luth., Op., v. I, p. 54.

quelle les bienheureux ne seraient rien, mais que les bienheureux atteignent Dieu lui-même et ils deviennent quelque chose *ex potentia*; c'est pourquoi Dieu est un *Actus*. Mais nous parlerons de ceci une autre fois (3). »

Ainsi se termine cet étrange et nuageux sermon; sec, obscur, sans vie, il ne peut être rapproché de ceux qui appartiennent à une époque postérieure. Plus tard, on se trouve en présence d'un cœur qui aime, ici en présence d'un esprit qui raisonne et qui discute. On oublie vite, dès les premières lignes, que c'est un jour de fête, un jour de Noël, que ce sermon a été prêché, et on se croirait plutôt à l'Université de Wittemberg, au pied de la chaire du jeune professeur que dans la petite chapelle du couvent. C'est un cours d'exégèse sur le prologue de Jean, un traité sur la Parole, ou si l'on veut sur la Trinité, mais non pas à proprement parler une prédication.

Tandis que nous lui avons vu indiquer la Parole de Dieu comme l'unique fondement sur lequel tout repose et que nous le verrons dans quelques années s'en faire l'intrépide et persévérant défenseur, nous l'entendons vanter ici le secours qu'apporte à la théologie l'étude de la philosophie. S'il ne s'opposa pas dans la suite à cette étude (1), il ne voulut pas du moins la laisser s'immiscer dans celle de la

(3) Luth., Op., v. 1, p. 55.
(2) En 1516, il appelle les philosophes des porcs. Op. Exeg., v. XII, p. 194.

théologie. Il voulait « qu'elle ne sortit point du cercle que
Dieu lui avait tracé (1). » Du reste, il commence aujour-
d'hui déjà à faire la guerre à celui qui avait été durant le
moyen âge, le roi des philosophes, « à ce cher Aristote (2), » comme il disait plus tard « ce païen mort et
condamné (3). »

On a remarqué, sans doute, dans le passage que nous
avons cité plus haut, la singulière attitude qu'il prend vis à
vis de lui; d'une part, il déclare sa philosophie utile à la
théologie, d'autre part, il prétend la comprendre mieux
qu'Aristote lui-même, et il accuse ce dernier d'être un pla-
giaire et un voleur. On sent déjà percer dans ces lignes le
mépris que Luther ne tardera pas à éprouver toujours
plus pour « ce fou qui remplit la terre de fous (4). » Aujourd'hui encore il subit, dans une certaine mesure, l'influence du temps. Il a débuté dans le professorat, nous
l'avons dit, par un cours sur l'Ethique et la Physique d'Aristote et il s'en ressent encore, quoiqu'il ne les ait pourtant
jamais aimées. Bientôt il ne songera plus à se servir, d'une
manière ou d'une autre, de ce philosophe dans sa prédication. Il prendra plaisir à le poursuivre de ses railleries et de
ses anathèmes. Il l'appellera, avec ironie, « le grand maître

(1) Luth., v. LVII, p. 62.
(2) Luth., v. XVII, p. 102.
(3) Luth., v. VII, p. 313.
(4) Luth., v. X, p. 60.

Aristote (1), » « la grande Lumière de la Nature (2) », etc.

Dès l'année suivante (1516) : « Il y a de pauvres docteurs, dit-il, qui ne peuvent comprendre Aristote et à qui personne ne peut l'expliquer, et qui, avec leurs commentaires chargés d'erreurs, accablent les âmes pieuses... Si on voulait lire Aristote en suivant mes conseils, une intelligence médiocre pourrait apprendre à le connaître en six mois. Il faudrait, pour cela, ne pas le lire avec cette foi et cette adoration que l'on n'apporte certes pas à l'étude des Saintes-Écritures, mais le lire comme un ouvrage inutile et de peu de valeur et dans le but non pas de le défendre, mais seulement de le connaître. En vérité, nous avons été séduits par Aristote et ses mensonges ; je n'en veux d'autre preuve que toutes les sectes qu'il a enfantées. Semblable à l'hydre de Lerne, cette bête païenne a plusieurs têtes : les Thomistes, les Scotistes, les Albertistes et les Modernes. Aristote possède ainsi quatre têtes ; son royaume est divisé contre lui-même et je m'étonne qu'il ne soit pas encore tombé en ruines..... Mais cela ne tardera pas. Comment peut-il se faire, en effet, que la vérité se trouve au milieu d'une si grande confusion d'opinions ? Puisque ces opinions se contredisent, c'est que nécessairement elles sont fausses (3). »

(1) Luth., v. XII, p. 399.
(2) Luth., v. XI, p. 8.
(3) Luth., Op. Exeg., v. XII, p. 197.

Quelques années après, Luther va plus loin encore (1) ;
il ne se borne plus à déclarer qu'on n'a rien compris à Aristote, mais il ne veut même plus qu'on apprenne à le connaître « Personne, dit il, n'a encore rien compris à Aristote,
mais si quelqu'un le comprenait, il n'en saurait pas plus
après qu'un enfant de cinq ans ou que les plus grands im-
béciles du monde (2). »

Le mépris que Luther éprouve pour « cette bête païenne »
lui fausse le jugement et le rend absolument injuste. Nous
reconnaissons bien là les marques d'une nature ardente qui
se livre sans réflexion à tous les emportements de son indignation « Voici, s'écrit-il, sur un ton railleur, la noble
lumière de la Nature, le Maître païen, l'archi-maître de tous
les maîtres, qui règne aujourd'hui dans toutes les hautes
écoles et enseigne à la place de Christ, le hautement célèbre Aristote qui a enseigné qu'une pierre est lourde, une
plume légère, l'eau humide et le feu sec (3), » et ailleurs :
« Aristote est cent fois plus obscur que l'Écriture-Sainte et
veux-tu savoir ce qu'il enseigne, je vais te le dire en deux
mots : Un potier peut faire un pot avec de l'argile, un for-

(1) Dans son appel à la noblesse allemande, Luther voudrait qu'on
détruisît les ouvrages d'Aristote à cause du mal qu'ils ont fait ; il per-
mettrait seulement de conserver la Logique, la Rhétorique et la Poéti-
que. Il prétend connaître Aristote mieux que Thomas ou Scot. Luth.,
v. XXI, p. 345.

(2) Luth., v. VII, p. 00.

(3) Luth., v. X, p. 340.

geron ne peut pas le faire, s'il ne l'a pas appris. S'il y a quelque chose de plus élevé dans Aristote, je t'autorise à ne pas croire un seul mot de ce que je dis, mais je me fais fort de te le prouver (1). »

Ces jugements passionnés, et on pourrait même dire ridicules, ne font pas précisément l'éloge de Luther, mais il est facile de l'excuser quand on songe aux nobles sentiments qui lui inspiraient cette indignation et ce mépris. On avait oublié Jésus dans les chaires chrétiennes et on l'avait remplacé par Aristote. Aristote mis au-dessus de Jésus (2), c'en était trop pour Luther, il ne pouvait supporter qu'on outrageât à ce point la personne du Maître. Il se désole de ce qu'on va chercher la vérité « chez les philosophes et les païens (3), » il veut que « l'on évite Aristote, le pape et tous les livres des hommes (4). » Aucun d'eux n'a compris ce que c'est que la foi en Christ. « Aristote enseigne que quiconque fait beaucoup de bien devient juste (5). »

Toute cette philosophie et cette morale, on le comprend, blessait au plus profond de son cœur le grand apôtre de la justification par la foi, et voilà pourquoi il se met à poursuivre dès le début « cet aveugle païen » de ses plus vives attaques.

(1) Luth., v. VII, p. 60.
(2) Luth., v. VII, p. 34.
(3) Luth., v. VII, p. 34.
(4) Luth., v. X, p. 170.
(5) Luth., v. VII, p. 250 ; v. XVI, N. e., p. 327.

. Les dernières citations que nous venons de faire auront permis de constater les progrès que Luther fit dans cette voie depuis l'année 1515 jusqu'aux années de son activité réformatrice.

Il enveloppait, cela va sans dire, la scolastique entière dans le même anathème et il frappait aussi bien de ses coups les disciples que le Maître, quoique moins souvent cependant.

En 1516, dans le sermon sur le 8me Commandement que nous citions tout à l'heure, il accuse les scolastiques d'être des comédiens et des trompeurs qui se séduisent eux-mêmes aussi bien que les autres, ne comprennent rien à l'Écriture et ne savent pas distinguer la lettre de l'Esprit(1). » Plus tard, il dira de Thomas d'Aquin qu'il est « le premier des hérétiques (2), » il a répandu dans le monde « une doctrine empoisonnée (3) » « c'est un jeune diable (4). » Les autres scolastiques ne sont pas mieux traités. Toutefois remarquons que Luther dans ses sermons ne leur fait pas l'honneur de songer à eux. Tandis que les prédicateurs d'alors se complaisaient à les citer et à les commenter en chaire, lui préfère les oublier, mais, si l'occasion se présente, il ne laisse pas, comme nous l'avons constaté, de leur porter en passant un rude coup.

(1) Luth., Op. Exeg., v. XII, p. 194.
(2) Luth., v. XIII, p. 179.
(3) Luth., v. VII, p. 334.
(4) Luth., v. XV, p. 340.

Telle fut, en général, vis à vis de la scolastique, l'attitude que prit Luther et que nous nous sommes laissé aller
à dépeindre d'une manière un peu détaillée, afin que
l'on pût en même temps se rendre compte de ce que
fut et de ce que devint la pensée de notre prédicateur sur
ce sujet. Il n'avait pas encore commencé de s'élever
contre l'Église de Rome avec toute la force qu'il montra
quelques années après, qu'il tonnait déjà contre Aristote.
Ce fut son premier ennemi, et le sermon de Noël 1515; à
côté d'un certain respect pour les ouvrages du grand philosophe, nous révèle les germes de cette haine irréconciliable
que le Réformateur garda dans le cœur jusqu'à son dernier
jour. Ici encore, il prend la peine de le commenter et se
sert de ses affirmations pour éclairer les mystères de l'essence divine. Dans ces raisonnements que nous avons
trouvés peu attrayants et obscurs, il faut cependant, pour
être juste, savoir reconnaître les réels mérites de Luther, en
se souvenant à la fois de l'époque à laquelle ce sermon fut
prêché et de la difficulté que présentait la question qu'il avait
à traiter. Il y a ici et là certains aperçus sur la nature de
Dieu, sur le Verbe qui révèlent une véritable profondeur
de pensée et on sent que l'on a affaire à une intelligence
capable d'aborder les hautes spéculations de la philosophie.

Ce sermon, qui pour la forme présente peut-être quelque
chose de plus méthodique et de mieux ordonné que plusieurs prédications postérieures, marque une phase tout à

6

fait spéciale dans le développement de la pensée et de la foi
de Luther. Il importait de le signaler à l'attention d'une
manière toute particulière et c'est ce qui justifie l'étude, un
peu trop longue peut-être, que nous venons d'en faire.

Cette année 1515 présente, du reste, au point de vue de
notre étude, le plus vif intérêt. Nous y surprenons les premières oscillations d'une pensée qui n'a pas su se fixer encore. Qu'on en juge par exemple par le sermon sur la médisance. Tandis que celui du jour de Noël était un sermon
de doctrine et de haute philosophie, celui-ci est un sermon
de pure morale. On dirait que Luther a de la peine à mêler
ces deux éléments l'un à l'autre. Rien ne nous rappelle
plus maintenant les grandes affirmations que nous avons
rencontrées au début de notre étude. Il se demande, en
terminant son discours, comment on peut vaincre ce vice
affreux de la médisance. « Je ne connais pas d'autre
moyen, dit-il, que d'implorer la bonté de Dieu et de prendre
garde avec le plus de rigueur et de soin possible de marcher au milieu des hommes comme si l'on avait les yeux,
les oreilles et les sens fermés, de ne pas songer à voir du
péché ou du mal autour de soi, mais de se placer au contraire en face de sa conscience et de faire attention de ne
pas aller s'imaginer ou croire qu'il existe d'autre péché
que le sien propre (1). »

(1) Luth., Op., v. I p. 87.

C'est là tout ce que dit Luther en fait d'application pratique. Le fragment du sermon pour la Saint-Martin nous laissait attendre autre chose. Or, nous ne découvrons ici aucune intention de rattacher la morale à la croix de Christ, et ceci nous explique, en même temps, un autre caractère de ce sermon, celui de n'être pas vraiment pratique. C'est bien plutôt, cette fois encore, une dissertation ayant pour objet de flétrir le vice de la médisance qu'une véritable prédication. La morale sans Christ manque inévitablement de vie et n'est pas pratique. Il n'est pas de titres déshonorants que Luther ne donne aux médisants et aux calomniateurs : « Ce sont des traîtres, des voleurs, des meurtriers, des tyrans, des diables, des serpents, des chiens, des hyènes, etc... Mais tout cela n'est pas précisément de nature à faire prendre à l'auditeur la résolution de ne plus médire.

Le langage est souvent grossier, les comparaisons vulgaires, quelquefois pires encore. Notre moine Augustin est de son époque, et, comme ses contemporains, manque de goût et à certains endroits de convenance. Son langage s'épura dans la suite au souffle de sa foi, mais il ne parvint jamais à se débarrasser complètement d'une certaine grossièreté dans l'expression et dans la pensée. L'année suivante, en 1516, nous trouvons, dans ses sermons sur les dix commandements, divers passages que nous aurions préféré n'y pas rencontrer (1). En 1522, un sermon sur le mariage vient

(1) Luth., Op. Exeg., v. XII, p. 19, 24, 162, 163, 198, 246.

nous rappeler que Luther peut tomber encore dans la vul-
garité et que sa pensée, qui se meut d'habitude dans un
ordre d'idées si élevé, peut aussi s'attarder quelquefois dans
des bas-fonds où elle laisse tout le charme de sa pureté et
de sa noblesse (2). Mais ces cas devinrent fort rares et
nous n'aurons en général qu'à constater une certaine ru-
desse qui donne un cachet spécial à la parole de notre prédicateur.

Il ne faut pas, du reste, oublier que Luther était né dans
une famille pauvre et qu'il avait vécu d'abord en contact
immédiat avec le peuple. Nous ne doutons pas que ces
premières influences n'aient laissé chez lui des traces profondes et elles furent pour quelque chose dans ce manque
de délicatesse qui nous a surpris dans les passages men-
tionnés plus haut. On sent que l'on a affaire là à un homme
qui n'a pas été élevé à la cour des princes, mais dans
l'humble demeure d'un paysan, sous le toit du mineur de
Mansfeld. D'un autre côté, il a dû aussi, à ces rapports jour-
naliers avec le peuple, l'une de ses plus précieuses qualités,
cette parfaite simplicité vraiment populaire, qu'aucun orateur n'a possédée au même degré que lui. Il avait appris à
connaître le peuple ; il était lui-même du peuple et c'est
ainsi que mieux qu'aucun autre il était capable de lui parler
sa langue et de se faire comprendre et aimer de lui.

(2) Luth., v. XVI, N. e., p. 543, 544.

Du reste, dans les rares sermons où quelques passages nous ont paru être vraiment déplacés, nous trouvons aussi d'ordinaire quelques traits qui nous révèlent un esprit fin et observateur. Ainsi, dans ce sermon de 1515, sur la médisance, lorsqu'il passe en revue les diverses excuses qu'on lui donne, il répond à ceux qui cherchent à se justifier en affirmant qu'ils ne font que dire la vérité : « Mais s'il faut dire toutes les vérités, pourquoi donc ne racontes-tu pas publiquement tous tes péchés qui sont plus que vrais ? N'aimes-tu donc pas ton prochain comme toi-même ? Tu penses qu'il ne faut pas taire ce qui lui manque, puisque c'est la vérité, mais tu penses au contraire qu'il faut cacher ce qui te manque. Vois donc comme tu te condamnes bien toi-même et comme tu agis contre les ordres de Dieu (1). »

Au milieu de citations diverses qui sont plus ou moins intéressantes et plus ou moins appropriées, s'en trouvent aussi quelques-unes qui sont charmantes et rentrent parfaitement dans le sujet. Il rappelle, par exemple, le mot de saint Bernard, disant que celui qui médit et celui qui écoute volontiers le médisant sont tous les deux possédés du diable, l'un l'a dans la langue et l'autre dans l'oreille (2).

Le sermon sur la médisance est donc, comme celui de Noël, l'un des sermons les plus caractéristiques de la pé-

(1) Luth., Op., v. I, p. 82.
(2) Luth., Op., v. I, p. 84.

riode que nous étudions. Nous avions tout à l'heure le philosophe, nous venons de rencontrer le moraliste, peut-être allons-nous retrouver maintenant le prédicateur chrétien. C'est ce que la lecture des autres sermons de l'année 1515 va nous apprendre.

Deux seulement nous restent encore. Ils ont, à tous égards, tant pour le fond que pour la forme, beaucoup de ressemblance l'un avec l'autre. Nous essaierons de dégager rapidement quelques-uns des traits principaux qui leur sont communs et qu'il nous importe de mettre ici en relief.

Et d'abord, ils sont animés d'un souffle religieux qui leur donne une saveur toute particulière; ils succèdent dignement au sermon de la Saint-Martin et nous y trouvons, plus que dans les précèdents, une saine intelligence de la vérité.

La personne du Christ à laquelle le sermon de Noël, qui passait son œuvre sous silence, rendait néanmoins un véritable hommage, mais qui était presque complètement effacée dans le sermon sur la médisance, nous est présentée maintenant sous des traits plus évangéliques et plus vrais.

Le jour de Saint-Etienne, par exemple, Luther, qui prêche sur la sagesse et la volonté propres (1), fait remarquer l'impossibilité dans laquelle nous nous trouvons d'accomplir la loi, parce que nous sommes des êtres charnels.

(1) Sermo de propria sapientia et voluntate in die sancti Stephani. Anno 1515. Op., v. I, p. 55.

« Christ seul, dit-il, est venu l'accomplir, tandis que nous n'étions capables que de l'enfreindre. ... mais il nous a communiqué son obéissance en se présentant lui-même à nous comme une poule sous les ailes de laquelle nous pouvons nous réfugier, en sorte que, par son obéissance, il nous devient possible à nous aussi d'obéir à la loi (1). » Oh ! douce poule, s'écrie-t-il, oh ! heureux poussins de cette poule (2) ! »

La loi, poursuit-il, nous révèle notre péché. « Or, si nous reconnaissons que par nos propres efforts il est impossible d'arracher du dedans de nous la convoitise, si nous reconnaissons que la loi la condamne, puisqu'elle dit : « Tu ne convoiteras point, » si nous faisons tous l'expérience que nous ne pouvons pas triompher de cette convoitise qui est au fond de nos cœurs, alors, que reste-t-il d'autre à faire, si ce n'est de repousser bien loin de nous la sagesse charnelle, de la laisser désespérer d'elle-même et de l'envoyer humiliée chercher ailleurs un secours qu'elle n'a pas été capable de se donner (3) ! »

Le but de Luther dans ce sermon est de montrer toute la faiblesse de la sagesse et de la volonté humaines. « Cette

(1) Christus impletionem suam nobis impertit, dum se ipsum gallinam nobis exhibet, ut sub alas ejus confugiamus et per ejus impletionem nos quoque legem impleamus, Op., v. I, p. 63.

(2) Op., v. I, p. 63.

(3) Luth., Op., v. I, p. 64.

sagesse est pleine de vanité, d'erreur et de péché (1) et
cette volonté ne sait pas se mettre d'accord avec Dieu. Sans
doute l'homme ne peut pas vouloir le châtiment et il ne
peut pas ne pas vouloir posséder la paix et le salut, mais il
veut y parvenir par les moyens qu'il a choisis, par le chemin qu'il s'est lui-même tracé (2). « L'un veut se sauver par
ses honneurs, l'autre par ses richesses, un troisième par sa
propre justice et ainsi ils s'éloignent tous de Dieu par leurs
sentiments, par leur sagesse charnelle et par leurs propres
pensées, tandis que Dieu veut nous faire parvenir à la con-
sommation de notre salut, par la confession de notre péché
et l'humiliation de la croix (3). » C'est l'orgueil humain qui
s'interpose entre la volonté de Dieu et notre salut, et, sous
prétexte d'aimer Dieu et de le servir, ce sont comme l'ob-
serve très justement Luther, nos propres pensées, nos propres vertus, notre propre sagesse que nous aimons. Il est
dit dans les commandements : « Tu aimeras ton Dieu par
dessus toutes choses » et non pas : « Tu aimeras les dons
de Dieu, etc.; » ce qu'il faut aimer, par conséquent, ce sont
les choses invisibles que l'intelligence humaine ne sait point
atteindre et que l'œil n'a point vues et que l'oreille n'a point
entendues (4). » Bref, notre volonté ne sait plus s'attacher

(1) Luth., Op., v. 1, p. 64.
(2) Luth., Op., v. I, p. 59.
(3) Luth., Op., v. I, p. 60.
(4) Luth., Op., v. I, p. 65.

au bien, comme notre intelligence ne sait plus comprendre le droit et le vrai.

A ce double mal, notre prédicateur oppose avec force le seul efficace remède : « Pour illuminer notre intelligence, le Verbe, qui est la sagesse du Père, s'est incarné, et, pour guérir notre volonté, le Saint-Esprit nous a été envoyé (1). » Voilà pourquoi Luther peut s'écrier : « Je prêche toujours Christ, notre poule » mais, remarque intéressante à faire, puisqu'elle nous éclaire sur l'esprit de ses auditeurs et les opinions du temps, il ajoute immédiatement : « Et c'est à cause de cela que l'on m'accuse d'être dans l'erreur et de ne pas dire la vérité (2). » Ces accusations ne l'empêchent pas de proclamer avec courage l'objet de sa foi : « Le Seigneur, poursuit-il, veut être notre poule pour nous amener au salut, mais nous ne le voulons pas. Or, voici ce que j'ai dit, c'est que nous ne pouvons pas être sauvés par nos propres justices, mais qu'il faut nous réfugier sous les ailes de cette poule, afin de recevoir de sa plénitude tout ce qui nous manque (3). »

Ces paroles profondément évangéliques sont suivies de quelques mots adressés, sans doute, au clergé. Dans le sermon sur la médisance, qui ne présente cependant aucun caractère polémique, se trouve un seul et court passage à

(1) Luth., Op., v. I, p. 65.
(2) Luth., Op., v. I, p. 57.
(3) Luth., Op., v. I, p. 57.

l'adresse des prêtres, mais il leur est dit sans le moindre
détour : « Ce vice, s'écrie-t-il, en parlant de la médisance,
accomplit aujourd'hui son horrible marche au sein de
l'Eglise, il envahit toutes ses places, se trouve au coin de
toutes ses rues et plus les hommes appartiennent à un rang
élevé, plus librement et plus honteusement ils se déshonorent les uns les autres. Ne les imitez pas ; qu'ils soient
vos prélats par leurs fonctions, mais non par leur
exemple (1). »

Dans notre sermon du jour de Saint-Etienne, Luther ne
nomme pas les prêtres d'une manière aussi explicite, mais
l'allusion n'en est pas moins facile à comprendre : « Regar-
dez, dit-il, tandis que notre Seigneur étend ses ailes sur
la croix afin de nous prendre à lui, ceux qui se confient
dans leur propre justice, non-seulement s'éloignent de ces
ailes pour se renfermer dans leurs propres bonnes œuvres,
mais encore ils ne veulent pas écouter la voix de la poule
qui appelle, ils ne veulent pas, dis-je, s'entendre répéter
que toutes leurs justices ne sont que des péchés qui auraient
besoin du secours de la poule ; mais ce qui est pire encore,
c'est que transformés en vautours, ils s'efforcent d'arracher
les autres à cette poule et persécutent le reste des poussins
qui attendaient d'elle un miséricordieux salut ; ils espèrent
ainsi les dévorer plus facilement, après les avoir détournés

(1) Luth., Op., v. I, p. 84.

de la confiance en Christ et les avoir revêtus de confiance
en leur propre justice (1). »

Dans le sermon pour le jour de Saint-Jean, Luther com-
bat encore cette propre justice, mais en se plaçant à un
point de vue un peu différent. Christ n'est pas représenté
ici avec autant de force « comme notre obéissance et notre
justice. » Le sujet du sermon est la crainte de Dieu. Craindre Dieu, c'est, comme l'a dit l'Ecclésiaste, le tout de
l'homme. « Aussi comme ce ne sont pas seulement les
œuvres contre la loi de Dieu que l'on peut accomplir avec
le mépris et sans la crainte de Dieu, mais encore les œuvres
conformes à la loi, il en résulte évidemment que ce ne sont
pas seulement les œuvres mauvaises qui sont des péchés,
mais que les bonnes peuvent l'être aussi, lorsqu'elles sont
accomplies avec une assurance qui n'est qu'une preuve
d'orgueil, c'est-à-dire sans la crainte de Dieu (2). » Luther
ne veut pas « que l'on fasse un choix de certaines œuvres
comme si elles pouvaient plaire à Dieu par elles-mêmes » il
affirme au contraire que celui qui craint Dieu n'a pas de
choix à faire, ce ne sont pas « les prières, les jeûnes, les
veilles, etc. » qui sont nécessaires. « Un jardinier, un cor-
donnier, un consul, un prince, qui que ce soit enfin, est sûr
de bien faire, s'il accomplit son ouvrage avec la crainte de
Dieu au fond du cœur. Mais cette crainte ne consiste pas à

(1) Luth., Op., v. I, p. 57.
(2) Luth., Op., v. I, p. 67.

redouter Dieu « comme on redoute un bourreau, un assas-
sin, le diable ou l'enfer (1). » « Autre chose est la peur de
Dieu, autre chose la crainte. La crainte est un fruit de
l'amour, la peur est le commencement de la haine (2). » Ce
n'est pas vraiment craindre Dieu que de redouter le châtiment, mais la crainte existe dans le cœur dans la propor-
tion où s'y trouve l'amour (3). Il ne saurait donc être
question ici d'une crainte « servile » mais bien au contraire
d'une crainte « filiale. » Plus l'amour augmente, plus
la fausse crainte disparaît, cette crainte qui consiste à
désirer que l'objet redouté n'existe pas. Or, « souhaiter
que Dieu ne soit pas, c'est le plus grand de tous les
blasphêmes (4). » Aussi Luther veut-il que l'on ait recours
à la grâce de Dieu (5) et que l'on ne se confie pas en
soi-même. « Le véritable juste croit que tous sont
sauvés et redoute d'être lui seul condamné... Salutaire
pensée que plusieurs ont, mais dont ils ignorent toute l'utilité ! » L'humilité est le premier pas qui conduise au salut.
Il faut désespérer de soi-même et mettre toute son espérance
en Christ, c'est ainsi qu'il faut aimer Dieu par dessus toutes
choses, être chaste, humble, plein d'amour pour son pro-

(1) Luth., Op., v. 1, p. 69.
(2) Luth., Op., v. I, p. 69.
(3) Luth., Op., v. I, p. 70.
(4) Luth., Op., v. I, p. 67, 68.
(5) Luth., Op., v. I, p. 68.

chain, mais comme personne ne peut réaliser cet idéal
d'une manière suffisante pour être sauvé, il faut tout attendre de Christ qui nous le donnera dans l'avenir (1). »

Ce sermon du jour de la Saint-Jean met donc vivement
en lumière, comme le précédent, la radicale impuissance de
l'homme à se bien conduire et à se sauver lui-même. Luther
avait fait au cloître des expériences qui lui avaient beaucoup appris sur ce sujet. « J'ai désespéré moi-même, nous
dit-il dans ce sermon, de Dieu, de tout ce qu'il est et de
tout ce qu'il a (2). » Ne soyons donc pas surpris de le voir
affirmer déjà ces grandes vérités. Nous aurions bien plutôt
lieu de l'être en ne lui en voyant pas faire encore le centre
unique de sa prédication et en constatant chez lui certaines
hésitations et comme nous le verrons bientôt, tant d'inconséquences. Du reste, remarquons que nous ne trouvons pas
encore le principe de la justification par la foi nettement
accentué. Luther ne l'a pas encore saisi dans toute sa
portée et les prédications postérieures nous révèleront à ce
sujet de bien sensibles progrès. Mais, ces réserves faites, il
faut rendre à ces sermons de 1515 le juste tribut d'éloges
qu'ils méritent.

Luther venait de replacer la piété sur **son vrai** terrain :
plus de bonnes œuvres extérieures, mais la crainte de Dieu,
unie à l'amour dans le fond du cœur et Christ accueillant

(1) Luth., Op., v. I, p. 73.
(2) Luth., Op., v. I, p. 74.

les pécheurs comme une poule les poussins sous ses ailes.
On rencontre de plus, ici et là, dans ces pages, des pensées
vraiment profondes et des expressions singulièrement justes. Enfin des divers sermons que nous connaissions jusqu'à présent aucun ne peut être comparé à ces deux derniers
au point de vue de l'édification. Il y a là une saine et fortifiante nourriture pour l'âme et nous sommes bien loin des
fables ou des discussions des prédicateurs de l'époque.

On découvre aussi déjà, dans certaines pages, quelques
pensées oratoires, par exemple, dans le sermon du jour de
Saint-Etienne : « Quiconque, dit Luther, refuse d'obéir aux
conseils de Christ pour suivre les siens, quoiqu'il ne soit pas
un meurtrier n'en appartient pas moins à la famille des
meurtriers..... Le sang de Christ et de ses Saints retombe
sur tous les méchants, parce qu'ils sont de la famille et de
la race de ceux qui les ont fait périr et ont répandu leur
sang. Oh, parole terrible ! Oh! avec quel soin ne faut-il pas
repousser toute sagesse charnelle. Car celui qui aime ses
propres sentiments, la sagesse charnelle et ses propres
pensées, qu'aime-t-il au fond, si ce n'est les armes qui ont
donné la mort à Christ et à ses Saints? Qui a fait périr
Christ, si ce n'est l'aveuglement et l'amour de nos propres
sentiments ?..... C'est en vain donc que tu cherches à t'excuser en disant que tu n'es pas le meurtrier de Christ et
des justes, si tu tiens dans tes mains les armes qui les ont
fait périr? C'est pourquoi chassons loin de nous, avec le

plus grand soin, que dis-je, chassons avcc horreur ce dragon rouge et sanglant dont les armes, toutes également meurtrières, sont l'aveuglement, l'orgueil et la colère et efforçons nous avec un pieux empressement de parvenir à l'humilité... Quoi de plus horrible, en effet, que de découvrir chez le chrétien cet aiguillon de mort qui a percé son maître, de le voir vivre et faire la guerre contre son maître, alors que sans relâche il devrait combattre pour ce maître même et mourir pour lui (1)? »

La pensée revêt dans ces paroles, on le voit, une forme vraiment oratoire et saisissante et on ne s'étonne plus d'apprendre que le prédicateur qui prêchait l'Evangile avec tant de conviction et tant d'éloquence, ait vu bientôt les auditeurs se presser toujours plus nombreux au pied de sa chaire. La chapelle du couvent était bientôt devenue trop étroite (2) et sur la demande du Conseil de Wittemberg, Luther avait accepté la charge de prédicateur de l'église paroissiale. Il devenait ainsi suffragant d'un professeur de l'Université dont la santé ébranlée réclamait le repos, Simon Heins de Brück. Des divers sermons de 1515, qui nous ont été conservés, un seul a été prêché dans l'église

(1) Luth., Op., v. 1, p. 61, 63.
(2) « Cette église devint bientôt trop étroite et le docteur Martin reçut l'ordre de prêcher comme pasteur de Wittemberg. L'enfant Jésus fut ainsi apporté de nouveau dans les temples. » Myconius, v. V, p. 26.

paroissiale, c'est le dernier dont nous avons parlé (1).

Mais il est temps d'entrer maintenant plus avant dans notre étude et de passer de l'année 1515 aux années suivantes. Si nous nous sommes arrêté bien longuement sur ces premiers sermons, c'est qu'il nous a semblé nécessaire de montrer, d'une manière suffisamment complète, quels ont été les débuts de Luther dans la prédication. Peu d'années, pendant son long ministère, ont une importance aussi grande que celle-ci.

(1) Die S. Johannis sermo in Parochia habitus. Luth., Op., v. 1, p. 66.

CHAPITRE III

LES SERMONS DE 1516 ET 1517

CHAPITRE III

Les Sermons de 1515 et 1517

L'année 1516 n'apporta pas de grands changements dans la vie de Luther. Nous le voyons toujours surchargé d'occupations, partager son temps entre l'étude, la prédication et les devoirs du cloître (1).

A l'Université, après avoir expliqué les Psaumes, il faisait l'exégèse de l'épître aux Romains, puis de l'épître aux Galates. Au cloître, chargé de remplacer Staupitz pendant plusieurs mois, il était appelé, comme vicaire de l'ordre, à visiter les couvents de la Saxe et de la Thuringe,

(1) « J'ai presque besoin de deux secrétaires ou chanceliers, écrit-il un jour à son ami Lange, je ne fais, pour ainsi dire, pas autre chose tout le jour que d'écrire des lettres..... je suis prédicateur du couvent, prédicateur au réfectoire, on me réclame tous les jours comme prédi-

et, depuis avril jusqu'au commencement de juin, nous le
rencontrons à Grimma, Dresde, Erfurt, Gotha, Nordhau-
sen, Eisleben, Magdebourg, etc.

Malgré toutes ces occupations si nombreuses, Luther trouvait encore du temps pour la prédication. Il prêchait souvent tous les jours de la semaine, quelquefois même trois,
quatre fois par jour. Pendant le carême de 1517, par
exemple, il prêcha tous les jours deux fois, et il n'en avait
pas moins, à ce moment là comme d'habitude, ses leçons
quotidiennes à l'Université.

Si l'on prend la peine d'étudier les sermons de cette
époque qui nous ont été conservés, on ne tarde pas à comprendre pourquoi le jeune prédicateur montait avec tant
de zèle dans la chaire de la petite chapelle du Couvent et
dans celle de l'église paroissiale de Wittemberg. Il avait, en
effet, une doctrine nouvelle à apporter à ses auditeurs,
c'est-à-dire le résultat de ses expériences qui lui avaient
appris à reconnaître toute la faiblesse de l'homme et tout

---

cateur de la paroisse, je dirige les études des moines, je suis vicaire de
l'ordre, ce qui veut dire onze fois prieur, je suis administrateur de
l'étang de Litzkau, je suis chargé des affaires des moines de Herzberg
et de Torgau ; je fais des cours sur saint Paul, j'étudie les Psaumes,
enfin la correspondance, comme je l'ai déjà dit, absorbe la plus grande
partie de mon temps. Il est rare que je trouve le temps nécessaire pour
célébrer mes heures et je ne parle pas des tentations que j'ai à supporter de la part du monde, de la chair et du diable. Regarde un peu,
si je suis un homme oisif. » De Wette, v. I, p. 41.

l'amour de Dieu. Sans doute, il n'avait pas encore compris, dans toute sa grandeur, cette doctrine de vie qui lui avait procuré la paix de l'âme, mais elle avait assez touché son cœur pour le porter, dès à présent, à s'en faire l'apôtre. Aussi, tandis que l'année 1515 nous a montré Luther hésitant pour ainsi dire entre trois genres divers de prédication, le voyons-nous maintenant adopter, d'une manière décisive, celui qui lui était déjà, du reste, on a pu le constater, le plus naturel.

Nous ne rencontrerons plus maintenant le philosophe avec ses raisonnements subtils, et nous allons voir le moraliste s'effacer toujours davantage derrière l'apôtre du pur Evangile de Jésus-Chrit. Sans doute, on retrouve encore quelques traces de l'esprit qui animait le sermon de 1515 sur la médisance, et nous pouvons mentionner à cet égard le sermon de 1516 sur l'humilité (1), où il n'est parlé qu'une seule fois de Christ « qui reçoit tous les pauvres pécheurs (2). » Ce qui est remarquable, c'est que Luther, qui mêlera continuellement à l'avenir la morale à la dogmatique dans sa prédication, laissera néanmoins quelquefois dans l'ombre, la personne de Christ lorsqu'il traitera un sujet de pure morale, l'usure ou le mariage, par exemple, mais ces cas là sont rares, nous n'hésitons pas à le dire, et le caractère dominant de la prédication de notre Réforma-

(1) Luth., Op., v. I, p. 101.
(2) Luth., Op., v. I, p. 104.

leur sera d'être, au contraire, essentiellement dogmatique.

Ce caractère, qui devient toujours plus sensible à mesure que l'on avance dans l'étude de ses sermons, se révèle déjà dès ces premières années.

Nous l'avons vu dans notre précédent chapitre prêcher la justification par la foi, et, cette doctrine, alors méconnue, forme maintenant, de plus en plus, le thème habituel de sa prédication. On distingue d'ordinaire deux éléments dans la justification par la foi : d'un côté, le sentiment que les bonnes œuvres ne sont rien ; de l'autre, que Christ seul est tout et que seul il sauve, et s'il nous était permis d'indiquer ici une nuance, un peu subtile peut-être, nous dirions que Luther a d'abord plus insisté sur le premier élément que sur le second (1). « On ne parvient pas à la justice par les bonnes œuvres....., mais par la foi (2), » voilà sa grande expérience et, ce qu'avant tout, il proclame avec force. Il va même jusqu'à dire, quand il touche à ce sujet, « que lorsqu'on n'a pas bien mortifié la chair, c'est-à-dire, pour lui, quand on n'est pas vraiment humilié, les bonnes œuvres et les vertus nuisent plus que les péchés (3) ; » réflexion juste et profonde : Quand il s'agit de croire en Christ, en effet, il faut renoncer à soi-même, reconnaitre que l'on est perdu et que tout ce que l'on a fait

(1) Voir par ex, le Sermon. Op., I, p. 106 et ss.
(2) Luth., Op., v. I, p. 144.
(3) Luth., Op., v. I, p. 145.

n'est que souillure et péché, et combien alors les bonnes
œuvres que l'on a accomplies nourrissent notre insuppor-
table orgueil et l'empêchent de se briser aux pieds du
Sauveur. Aussi Luther ne veut-il pas affirmer avec Aristote
que « c'est celui qui fait des œuvres justes qui est juste, mais
nous sommes justifiés par la foi et l'espérance en Dieu (1). »
« La justice qui procède de la foi est une admirable
justice (2). » C'est là la justice de Dieu, celle qui consiste
à être rendus justes par Dieu qui nous justifie en nous impu-
tant la justice et cette justice ne consiste pas en œuvres,
mais dans *la foi, l'espérance et la charité* (3). » Un mot résu-
mera bientôt et résume déjà, du reste, ce que Luther n'exprime ici dans ce sermon du quatorzième dimanche après
la Trinité, que d'une manière encore un peu vague et incertaine; ce mot, c'est Christ. Arrière donc les œuvres extérieures « qui ne procurent pas la justice, puisque c'est bien,
au contraire, la justice qui fait les œuvres. » « Christ te
suffit par la foi, il te rend juste et ainsi tu ne vis plus, tu ne
travailles plus, tu ne souffres plus pour toi, mais pour Christ.
Tu ne possèdes rien par le moyen de toutes ces œuvres,
mais tout est à Christ (4). »

Pendant le courant de cette année, 1516, Luther donna,

(1) Luth., Op., v. I, p. 126.
(2) Luth., Op., v. I, p. 143.
(3) Luth., Op., v. I, p. 126.
(4) Luth., Op., v. I, p. 147.

sur les dix commandements, une série de prédications qui produisirent à Wittemberg une vive impression. Une très grande affluence d'auditeurs se pressèrent à cette occasion dans l'église paroissiale pour y entendre prêcher ce moine éloquent dont les affirmations hardies pouvaient bien déplaire à quelques-uns peut-être, mais dont l'incomparable talent excitait l'admiration universelle. C'est avec une force nouvelle qu'il annonce ici aux âmes qui s'égarent le pur Evangile de Christ : « Notre théologie aujourd'hui, s'écrie-t-il, c'est que Christ a été fait, pour nous, malédiction et péché, afin de nous délivrer du péché et de la malédiction (1). »

La pensée qui se dégage de ces prédications sur le Décalogue, c'est encore la radicale impuissance de l'homme à accomplir par lui-même la loi de Dieu. Luther le dit très clairement dans l'un de ses meilleurs sermons sur le 1er Commandement. « Il est bien évident, s'écrie-t-il, que personne ne peut accomplir ce commandement, s'il ne croit pas en Jésus Christ, s'il n'a pas mis en lui son espérance et son amour et s'il ne s'est pas dépouillé de son affection pour toutes les choses d'ici-bas, ce qui, sans la grâce de Dieu, est absolument impossible (2). »

La grâce de Dieu en Jésus-Christ, voilà ce qui résume tout. Sans elle, point de bonnes œuvres et le Décalogue

(1) Op. Exeg., v. XII, p. 55
(2) Op. Exeg., v. XII, p. 6.

n'est qu'une lettre morte et l'homme est comdamné à rester un pauvre et misérable pécheur.

« Tous les enfants d'Adam, s'écrie Luther, sont des idolâtres et transgressent le 1er Commandement. Il faut, en effet, remarquer qu'il y a deux genres d'idolâtrie, l'une qui est extérieure et l'autre qui est intérieure. Celle qui est extérieure consiste à adorer le bois, la pierre, les animaux, les étoiles et c'est ce que nous voyons dans l'Ancien Testament et dans les livres des païens. Mais cette idolâtrie extérieure procède de l'intérieur même de notre cœur. Or, l'idolâtrie intérieure consiste, par peur du châtiment ou par attachement à ses propres intérêts, à placer tout son amour et toute sa confiance dans la créature, sans pour cela toutefois lui rendre un culte extérieur.

Quelle espèce de religion est-ce donc là que de ne pas s'agenouiller au pied des richesses et des honneurs, mais de leur consacrer la plus noble partie de soi-même, c'est-à-dire son cœur et son âme ? C'est tout simplement adorer Dieu avec son corps et sa chair et intérieurement adorer la créature avec son esprit. Cette idolâtrie règne dans le cœur de tout homme aussi longtemps qu'il n'a pas été guéri par la grâce, par la foi en Jésus Christ..... La foi, en effet, t'arrache aux convoitises et à la confiance dans les choses de la terre et t'amène au pied de ton créateur..... par elle, tu sais que si Christ n'était pas mort pour toi et ne t'avait pas racheté, il n'est pas de créature au monde qui pourrait te porter secours ; tu apprends ainsi à mépriser toutes choses, et tandis que tu sais qu'il a souffert pour toi et que tu crois, tu éprouves immédiatement pour lui de la confiance et un tendre amour. L'affection pour les choses de la terre, qui ne sont plus à tes yeux que des choses inutiles, disparaît ; Christ seul a du prix pour toi... il est la chose vraiment nécessaire. Il ne te reste plus alors que Jésus seul, mais Jésus suffisant pleinement à ton cœur. Tu désespères de toi pour ne plus posséder que lui et c'est en lui qu'est toute ton espérance, lui que tu aimes par dessus toutes choses. Or, Jésus est le seul, unique et véritable Dieu ; quand tu le possèdes, ce n'est pas un Dieu étranger, c'est le vrai Dieu que tu possèdes (1). »

Voilà ce que prêchait Luther, et, la page qu'on vient de lire, peut bien soutenir la comparaison avec les plus beaux passages des sermons de la seconde période. Remarquons aussi la manière dont Luther spiritualise son sujet. Il ne ne veut pas interpréter les commandements comme le font « nos théologiens qui nous plongent dans les ténèbres (2). » Il faut les pratiquer dans l'amour. « La loi est spirituelle et doit être accomplie spirituellement (3). » Ainsi le cinquième Commandement « ne dit pas seulement : Tu ne tueras point, mais il dit aussi avec force : Tu dois être doux

(1) Luth., Op. Exeg. v. XII, p. 4, 5.
(2) Luth., Op., Exeg., v. XII, p. 126.
(3) Luth., Op., Exeg., v. XII, p. 121.

de cœur et patient, ami du calme et de la paix (1). »

En interprétant ainsi la loi de Dieu, Luther est naturellement amené à insister sur l'impuissance absolue de l'homme à l'accomplir par lui-même. Plus il montre combien les exigences de cette loi sont rigoureuses, plus il fait sentir à ses auditeurs la grandeur de leur infidélité. Pour être fidèle, il n'y a qu'un seul et unique moyen « posséder la grâce de Dieu (2) » et Luther en arrive ici au point central, à Jésus Christ. C'est là le caractère de toute prédication vraiment chrétienne sur un sujet de pure morale. « Celui qui aime la croix, lisons-nous, et se glorifie de la croix du Seigneur, celui-là seul ne tue pas (3). » C'est dans le même esprit que Luther explique les autres Commandements (4) et qu'il prêche la loi à la lumière de l'Évangile.

L'année 1517 nous fait assister à la prédication toujours plus vivante de la parole de Dieu. Au point de vue dogmatique cependant nous n'avons pas de progrès saillant à constater ; ce qui nous frappe, c'est plutôt, si l'on veut marquer ici une simple nuance, le genre plus édifiant, plus parfaitement chrétien avec lequel l'Évangile est maintenant prêché.

(1) Luth., Op., Exeg., v. XII, p. 127.
(2) Luth., Op. Exeg., v. XII, p. 128.
(3) Luth., Op. Exeg., v. XII, p. 121.
(4) Par Ex. : « Tu ne voleras point. Pour accomplir ce commande-

Dès les premiers jours de 1517 nous rencontrons quelques excellents sermons (1), mais les plus remarquables,
sans aucun doute de toute cette année, sont ceux que Luther
prêcha pendant le Carême sur l'Oraison Dominicale. Ils
eurent à Wittemberg le même succès que ceux sur les
dix Commandements, mais tant au point de vue de la forme
qu'au point de vue du fond ils nous paraissent supérieurs.
Ils renferment d'admirables trésors d'édification et nous
transportent sur le terrain de la véritable vie chrétienne.

« *Notre Père qui es au Ciel.* Il n'y a pas de nom parmi tous
les noms, dit Luther, qui dispose mieux à l'égard de Dieu
que celui de Père. C'est là une parole vraiment aimable,
douce, profonde et affectueuse. Ce ne serait pour nous ni
aussi précieux, ni aussi consolant de dire, Seigneur ou

ment il faut non seulement ne pas voler, mais même ne pas convoiter
avec son cœur. Cela n'est pas encore assez ; il faut de plus supporter
sans colère un vol dont on est l'objet, car il ne sert à rien de ne pas
convoiter ce qui appartient à autrui, si l'on aime d'une manière impie
ce que l'on possède soi-même. » Op. exeg., v. XII, p. 187.

« Tu ne diras point de faux témoignages. » Pour accomplir ce
commandement, il ne s'agit pas seulement de ne pas dire de faux
témoignages, il faut même ne pas vouloir les écouter... il faut s'appliquer à excuser son prochain, à cacher ce qui le déshonore... il faut
enseigner à ceux qui ne connaissent pas Dieu à connaître sa volonté,
avertir ceux qui s'égarent et résister aux trompeurs et aux hérétiques.
Op. Exeg., v. XII, p. 206.

(1) Par Ex. Sermo de Circumcisione et justitia fidei. Op., v. I,
p. 185.

Sermo in die purificationis Mariæ. Op., v. I, p. 202.

Dieu ou Juge, car le nom de Père est par lui-même, par sa nature extrêmement doux. C'est pourquoi il plaît à Dieu plus que tout autre et il nous dispose mieux à l'écouter. Et de plus, nous nous reconnaissons ainsi pour les enfants de Dieu et Dieu en est ému à son tour, car il n'y a pas de voix plus aimable que celle de l'enfant qui parle avec son père... Quiconque dit : Notre Père qui es au Ciel et le fait du fond du cœur, confesse qu'il a un père, mais un père dans le Ciel et se reconnaît pour misérable et abandonné sur la terre. De là doit naître dans le cœur un ardent désir comme celui d'un enfant qui loin du pays de son père vit au milieu des étrangers dans la tristesse et dans la misère. C'est comme s'il disait : hélas mon père tu es dans le Ciel et moi ton misérable enfant je suis sur la terre, dans la misère, loin de toi, environné de *toutes sortes de dangers, de tristesses et de peines au milieu de diables et de terribles ennemis, plongé dans toutes sortes de tribulations (1). »

La vie Chrétienne, Luther le comprend, ne consiste pas seulement à reconnaître sa misère et à regarder à Christ. Il faut encore que cela ait pour résultat de tuer en nous le vieil Adam « qui n'est pas autre chose que les mauvais

(1) Luth., v. XXI, p. 163. « Le Seigneur ne nous enseigne pas à dire : mon Père, mais notre Père. La prière est un bien spirituel et universel que l'on ne peut ravir à personne, pas même à son ennemi. Et parce que Dieu est notre Père à tous, il veut que nous soyons tous frères les uns des autres, que nous vivions en bonne harmonie et priions les uns pour les autres comme pour nous-mêmes. »

penchants que nous trouvons en nous à la colère, la haine, l'impureté, l'avarice, les honneurs, l'orgueil et autres vices semblables (1). » « Ecrions-nous donc, ditLuther, O Père ne me laisse pas tomber, ne me laisse pas agir d'après ma propre volonté, mais brise-la et résiste-lui ; qu'il m'arrive ce qu'il voudra, mais que je ne me conduise jamais d'après ma volonté, toujours d'après la tienne (2). »

La volonté de Dieu, voilà la norme de la vie chrétienne, mais pour cela il faut être uni à Jésus comme le sarment l'est au cep. C'est de cette vie en Christ que Luther nous parle, lorsqu'il prêche sur la cinquième demande de l'Oraison Dominicale? *Donne-nous aujourd'hui notre pain quotidien* : « *Notre pain*, cela signifie que nous ne demandons pas le pain ordinaire que les païens mangent aussi et que Dieu donne aux hommes sans qu'on l'en prie, mais notre pain, c'est-à-dire pour nous qui sommes les enfants du Père céleste..... Le pain, c'est la parole de Dieu qui nourrit et fortifie les âmes..... et ce pain, cette parole, cette nourriture n'est pas autre chose que Jésus-Christ, notre Seigneur lui-même qui nous dit (Jean VI, 35) : Je suis le pain vivant qui suis descendu du ciel pour vivifier le monde..... Apprendre à connaître Christ, c'est comprendre ce que dit l'apôtre dans la première épître aux Corinthiens I, 30 : Christ nous a été fait de la part de Dieu sagesse, justice, sainteté et rédemp-

(1) Luth., v. XXI, p. 187.
(2) Luth., v. XXI, p. 193.

tion. Or, tu comprendras bien cela, si tu reconnais que ta sagesse est une condamnable folie, ta justice une condamnable justice, ta sainteté une condamnable impureté, ta rédemption une misérable condamnation et tu reconnaîtras ainsi que tu es aux yeux de Dieu et de toutes les créatures un fou, un pécheur, un homme impur et justement perdu. Il faut de plus, que tu montres, non par des paroles, mais de tout ton cœur et par tes œuvres, qu'il ne te reste plus de consolation et de salut qu'en Christ qui t'a été donné par Dieu et en qui tu dois croire et jouir de sa justice qui seule peut te garder. La foi n'est pas autre chose que manger le pain dont saint Jean dit : vi, 32 « Mon père vous donne le vrai pain du ciel (1). »

Ainsi prêchait Luther à la veille du 31 octobre 1517, et on voit avec quelle fidélité il annonçait déjà l'Evangile. « Il faut qu'en tout lieu on ne prêche pas autre chose que Christ, s'écriait-il, et qu'on distribue seulement ce pain quotidien... Il faut prêcher Christ seul, concentrer toutes choses en lui, le montrer à chaque page de l'Ecriture, en expliquant pourquoi il est venu, ce qu'il nous a apporté, comment nous devons croire en lui et nous conduire à son égard (2). »

Nourri de la lecture de la parole de Dieu et des ouvrages de saint Augustin, et de Tauler, Luther apportait dans la

(1) Luth., v. XXI, p. 199, 203, 205.
(2) Luth., v. XXI, p. 204, 205.

chaire le fruit de ses expériences personnelles, de ses recherches, de ses travaux, de ses réflexions et c'est là ce
qui donnait à sa parole tant de puissance. Plus tard, il lui
arriva souvent de faire allusion à son passé et ce sera l'un
des traits intéressants de sa prédication. Dans la première
période, une sorte de timidité, dirait-on, l'empêche de s'exprimer aussi librement, cependant nous l'avons entendu
parler de ses angoisses spirituelles et nous dire « qu'il avait
désespéré de Dieu lui-même. » D'autres fois, sans mentionner aussi clairement les luttes intérieures, on sent qu'il
fait allusion. N'est-ce pas leur souvenir qui lui arrache un
jour cette exclamation : « Oh ! s'écrie-t-il, en parlant de la
véritable foi, oh ! que de coups sont ici nécessaires pour que
l'homme parvienne à cette foi ! qu'il lui arrive souvent de
résister à Dieu, de réclamer un miracle ? Mais cette foi ne
s'acquiert, ni ne grandit par la spéculation, mais par l'expérience de la vie, car Dieu s'oppose de mille manières aux
conseils de l'homme, il brise son esprit jusqu'à ce qu'enfin
il désespère de lui et de son esprit. Il apprend ainsi, par
expérience, qu'il ne peut pas se diriger lui-même, il se livre
entre les mains de Dieu et est prêt à se laisser conduire
par sa seule parole, parce qu'il a appris qu'avec ses
propres œuvres et ses propres conseils il n'a pu accomplir ce qu'il voulait (1). »

(1) Luth., Op., v. I, p. 131.

Elevé à cette école de l'épreuve et de la lutte, le moine d'Erfurt, devenu le prédicateur de Wittemberg, pouvait rendre un éloquent témoignage au Sauveur qui lui avait donné la paix et l'assurance du salut, et il ne faut pas s'étonner de le voir s'élever avec indignation contre les abus de l'Eglise et l'ignorance de la véritable doctrine dans laquelle on laisse les âmes s'égarer. « Le Diable, dit-il, un jour de 1516, en parlant de l'état de l'Eglise, n'a pas seulement placé ses filets pour prendre les gens dans les mauvaises œuvres, mais même dans les bonnes (1). » Il y a des gens, en effet, « qui courent ici et là pour devenir pieux et et entrer dans le royaume de Dieu et être sauvés; l'un va à Rome, l'autre à Saint-Jacques, un autre bâtit une chapelle, celui-ci fonde ceci, celui-là fonde cela, mais ils ne veulent pas toucher au vrai point de la question, c'est-à-dire ils ne veulent pas au fond du cœur se donner eux-mêmes à Dieu et devenir son royaume; ils font beaucoup d'œuvres extérieures et brillent d'un fort bel éclat, mais ils restent à l'intérieur tout pleins de malice, de colère, de haine, d'orgueil, d'impatience et d'impureté, etc. C'est contre eux que parle le Christ lorsque, répondant à ceux qui lui demandaient comment viendrait le royaume de Dieu, il disait : Le royaume de Dieu ne vient pas avec éclat, voici le royaume de Dieu est au-dedans de vous (2). »

(1) Luth., Op., v. I, p. 404.
(2) Luth., v. XXI, p. 183.

8

En 1515, nous avons vu Luther attaquer le clergé d'une manière très directe (1), c'est ce qu'il fait encore aujourd'hui en 1516 et en 1517. A ses yeux, le type de la vie languissante et stérile, c'est la vie des prêtres et des moines (2). « O dangers de notre époque, s'écrie-t-il, ô prêtres endormis ! ô ténèbres plus profondes que celles de l'Egypte ! Avec quelle sécurité nous restons plongés dans notre mal affreux (3) ! » « Un évêque s'élève contre un autre évêque, une église contre une autre église,... prêtres, moines, nonnes se battent, se querellent, se font la guerre ; la paix n'est nulle part et cependant chaque parti se vante d'avoir une bonne volonté, des pensées droites, des intentions saintes, et ainsi, ajoute Luther, dans son pittoresque langage, ils font tous les œuvres du diable à l'honneur et à la gloire de Dieu (4). »

Cette attitude polémique, que notre futur Réformateur prend vis à vis des abus de l'Eglise de Rome, se trouve surtout très nettement affirmée dans un sermon de 1516. Ce sermon n'a jamais été prêché, mais Luther le composa pour un de ses amis, le prieur de Litzkau, qui devait se rendre à Rome au Concile de Latran. C'est en allant toucher les revenus d'un vivier dont l'administration lui avait

(1) Luth., Op., v. I. p. 184.
(2) Luth., Op., v, I, p. 210.
(3) Luth., Op., v. I. p. 176.
(4) Luth., v. XXI, p. 192. — Op., v. I, p. 204.

été confiée, que Luther fit connaissance et se lia avec ce
prieur et fut ainsi amené à écrire pour lui le sermon dont
nous parlons. — Il n'est pas facile d'en fixer la date avec
beaucoup de précision. Schmidt le place dans notre édition,
soit en 1511, soit en 1512, mais Kœstlin, pour diverses raisons convaincantes, le place en 1516. Le Concile, en effet,
dura jusqu'au 16 mars 1517, et ce ne fut qu'en 1516 que
Luther remplaça Staupitz comme vicaire de l'ordre des
Augustins, c'est-à-dire ce ne fut qu'alors qu'il occupa une
position qui seule peut nous expliquer la composition d'un
pareil discours pour le prieur de Litzkau. De plus, on peut
conclure, d'après une lettre du mois d'octobre, adressée à
Lange, qu'à cette époque le prieur était absent, tandis que
Luther avait précisément alors à s'occuper du vivier (1).

Ce sermon destiné au Concile est fort intéressant et mieux
composé peut-être que beaucoup de sermons d'une époque
postérieure; nous y découvrons déjà des idées de réforme,
et, mieux que dans les prédications dont nous parlions tout
à l'heure, nous y voyons comment Luther se comporte vis
à vis de l'Eglise et du clergé. L'importance d'un tel sermon
nous fait un devoir de l'examiner de près et de l'analyser
d'une manière un peu complète.

Le texte est pris dans la première épître de saint Jean :
« Tout ce qui est né de Dieu remporte la victoire sur le

(1) De Wette, v. I, p. 41. — Cette absence du prieur concorderait
ainsi avec son séjour à Rome.

monde. » Luther divise son sujet en trois parties : 1° Quelle
est cette naissance dont parle l'apôtre? 2° Qu'est-ce que le
monde? 3° Quelle est la victoire?

Et tout d'abord qu'est-ce que cette naissance? Luther
insiste sur son caractère tout spirituel et proclame la complète impossibilité dans laquelle se trouve l'homme de naître spirituellement par le seul effet de sa volonté, comme
il l'est de se créer lui-même corporellement. Or, si l'on regarde autour de soi, on constate le fait que le peuple est
bien loin de connaître par expérience cette naissance spirituelle. Il est plongé partout dans la corruption. Que faut-il
donc faire? Il faut que dans le Concile qui va se réunir
« tous s'occupent des affaires de l'Eglise et travaillent à une
réformation temporelle et spirituelle (1). » Ce sont des prêtres qui composent cette assemblée « des hommes qui diri-
gent les églises et sont les ministres de cette naissance
spirituelle (2).» C'est donc à eux qu'incombe le devoir d'opérer cette rénovation indispensable pour le bien du peuple.
Et ici Luther parle avec une force qui nous surprend de la
nécessité d'insister sur la doctrine plus encore que sur la
morale (3).

(1) Luth., Op., v. I, p. 32.
(2) Luth., Op., v. I, p. 32.
(3) Luth., Op., v. I, p. 34.

Loescher, l'ancien éditeur de ces premiers sermons, résume bien la
pensée de Luther, lorsqu'il dit : La doctrine, c'est l'avant-garde dorée

Sur quoi repose cette doctrine pour Luther? Sur la parole de Dieu et cette pensée forme le thème de toute la première partie de notre sermon, belle et féconde pensée qui devait, quelques années plus tard, porter d'admirables fruits !

« Le plus important, le premier des soins, lisons-nous, la chose aujourd'hui avant tout nécessaire, c'est que les prêtres soient bien versés dans toute la parole de la vérité et plût à Dieu que je pûsse avec des paroles ardentes, des paroles de feu faire retentir cela dans vos cœurs avec une voix de tonnerre, l'y faire pénétrer comme la flèche aiguë d'un guerrier et étinceler comme de la grêle et des charbons de feu, ainsi que dit le prophète. Le monde entier est rempli, inondé aujourd'hui de toutes sortes d'erreurs et le peuple est beaucoup plus accablé qu'il n'est instruit par tant de lois, tant d'opinions humaines, tant de superstitions. C'est à peine si la parole de la Vérité brille encore un peu. Dans bien des endroits il ne reste plus même une étincelle. Et quelle peut être la naissance, lorsque c'est la parole des hommes qui enfante et non point celle de Dieu? Telle parole, telle naissance; telle naissance, tel peuple. Nous avons coutume de nous étonner de voir régner dans le peuple de Christ tant de discorde, colère, envie, orgueil, désobéissance, volupté, excès de boire et de manger; de voir l'a-

de la Réformation, et il ajoute que Satan peut supporter les mœurs du clergé, mais qu'il ne supporte pas la doctrine.

mour se refroidir, la foi s'éteindre, l'espérance disparaître.
Cessez, je vous prie, de vous en étonner. Ce ne sont pas là
des choses extraordinaires. C'est notre faute, c'est la faute
des prélats et des prêtres. Et voici bien plutôt ce dont il
faut s'étonner, c'est qu'ils soient tellement aveugles, tellement oublieux de leur devoir qu'ils abandonnent leur tâche,
eux qui précisément devaient être par la parole de la vérité
les ministres de cette naissance, mais qui maintenant, occu-
pés d'autres choses, se laissent absorber par le souci des
choses temporelles. Le plus grand nombre, comme je l'ai
dit, enseigne des fables et des fictions humaines. Et nous
pouvons nous étonner encore qu'un tel peuple naisse d'une
telle doctrine (1)! »

La conduite du clergé excite ainsi au plus haut point
l'indignation de Luther, les paroles arrivent en flots sur
ses lèvres. « Hélas ! O douleur, s'écrie-t-il, les prêtres pri-
vés de sensibilité et de sentiment s'abandonnent aujourd'hui
à la sécurité. Non-seulement ils gardent le silence, mais si
cependant ils débitent quelque chose au peuple, quoi que ce
soit, ils appellent cela instruire et prêcher. Ils ne réfléchis-
sent pas et ne se demandent pas en tremblant si ce qu'ils
disent est bien oui ou non la parole de la Vérité, dont le
but est de faire naître les âmes de Dieu, et c'est pourtant
pour cela seul qu'ils sont ce qu'ils sont, c'est-à-dire clergé

(1) Luth., Op., v. 1, p. 32, 33.

et prêtres, car pour toutes les autres choses, on n'a pas besoin de prêtres (1). »

Remarquons ici en passant quelle haute et juste idée Luther se fait de la prédication. Annoncer la parole de la Vérité et cela pour faire naître les âmes à une vie nouvelle (2), voilà ce qu'il veut. « Parce qu'ils ne sont pas fidèles, et ne prennent pas soin de méditer la parole de la vérité ; les prêtres, d'après lui, devraient être comptés parmi les loups et non parmi les bergers, parmi les idoles et non parmi les pontifes devant la face de Dieu (3). » Il faut réformer tout cela, Luther le réclame énergiquement et toute son argumentation a pour point de départ cette vérité, de nos jours encore l'objet de tant de discussions, l'union intime du dogme et de la morale. Que le Concile comprenne cette vérité et tout ira bien, ce sera le vrai moyen de mettre un terme à tous les abus qui déshonorent l'Eglise.

Luther poursuit sa pensée fondamentale, le manque de la

(1) Luth., Op., v. I, p. 34.

(2) Celui-là seul est prêtre et pasteur, qui est envoyé du Dieu des armées, c'est-dire un messager de Dieu qui doit diriger le peuple avec la parole de la vérité et être le ministre de cette divine naissance. — Luth., Op., v. I, p. 34.

C'est une grande chose, disait-il, dans un autre sermon de la même année, que d'être un prédicateur sincère et fidèle... le bon prédicateur est à la fois sincère et fidèle. — Op., v. I, p. 141.

(3) Luth. — Op., v. I, p. 34.

parole de la Vérité. « Quand bien même, dit-il, vous pren-
driez dans ce vénérable synode un grand nombre de déci-
sions, que vous ordonneriez tout avec sagesse, si vous ne
prenez pas soin de recommander aux prêtres qui enseignent le peuple d'abandonner ces fables qui n'ont point
d'auteur, pour se livrer à l'étude du pur Evangile et des
saints interprètes des Evangiles, pour annoncer au peuple
avec crainte et respect la parole de la Vérité, enfin de renoncer à toutes les doctrines humaines quelles qu'elles
soient ou de ne les citer qu'à la condition d'en faire ressortir la différence avec la vérité et de travailler ainsi fidèlement à cette naissance divine ; si, dis-je, vous ne vous
occupez pas de cela avec le plus grand zèle, avec de saintes
prières et un esprit sérieux et ferme, je vous le déclare
avec la plus entière liberté, tout le reste n'est que néant.
C'est en vain que nous nous serons réunis. Cela n'aura servi
à rien, car c'est là précisément qu'est le fond des choses,
là qu'est l'essence de toute piété, c'est en cela même que se
résument toutes les légitimes réformes. Aussi quelle folie
que de se préoccuper des bonnes mœurs et de ne pas prendre plus de soin de rechercher comment se forment les
hommes de qui on peut les attendre. Ce n'est pas faire autre
chose que bâtir sa maison sur le vent. C'est la plus grande
des folies. Aussi cette vérité demeure-t-elle un fait certain,
à savoir que l'Eglise ne peut naître et subsister que par la
parole de Dieu. Il nous a engendrés, dit l'apôtre, par la pa-

role de la Vérité (1). » « Oh! plût à Dieu, insiste encore Luther, que ces choses tinssent à cœur aux conducteurs de l'Eglise, oui, dis-je, plût à Dieu qu'elles nous tinssent à cœur à nous-mêmes et que nous sachions enfin les voir les yeux ouverts, sans regarder à la méchanceté du peuple, mais bien plutôt à la racine même du mal. Or, la racine de ce mal, c'est le manque de la parole de Vérité (2). »

Il n'était vraiment pas possible de proclamer avec plus d'énergie les réformes à introduire dans l'Eglise. Luther avait mis le doigt sur la plaie. Bien d'autres, comme lui, avaient soupiré et soupiraient encore après la même rénovation de l'Eglise, mais tandis que leur regard s'arrêtait à la surface des choses, le sien avait pénétré jusqu'au fond et découvert la source même du mal.

La seconde partie de ce sermon, nous apprend ce que c'est que le monde qu'il faut vaincre pour naître de Dieu — Il ne s'agit pas ici du monde visible, mais de nos sentiments et de nos convictions Le monde se trouve au fond du cœur de chaque homme et nos mauvais penchants corrompent tout ce qui est autour de nous, tout ce qui est bon, puisque Dieu l'a créé. La nouvelle naissance consiste à vaincre ces mauvais penchants et l'œuvre du Concile est d'aviser aux moyens de parvenir à ce résultat. « Le devoir de ce vénérable Synode, lisons-nous, n'est pas tant de dé-

(1) Luth., Op., v. I, p. 35.
(2) Luth., Op., v. I, p. 36.

cider, avec le plus grand soin, ce qu'il faut lire et prier, quels jours de fête il faut célébrer et à quelle époque, quelles cérémonies il faut faire, que de rechercher quelles règles et quelles lois peuvent mettre un frein aux convoitises et enseigner aux hommes à se tenir en ordre de bataille, car les ennemis sont dans la maison même et on n'est à l'abri ni le jour, ni la nuit, tout cela, afin que, au sein du clergé, de bons évêques fassent briller leur lumière devant les hommes dans la chasteté, l'humilité, 'a modestie et toutes ces vertus que Paul énumère dans Tite et Tim., III. Il ne servira de rien, si on laisse cette importante question de côté, de s'occuper d'autres questions temporelles et spirituelles eu égard à des droits, des priviléges, des dignités..... Ce ne serait pas digne du Synode d'avoir magnifiquement organisé les choses secondaires et de n'avoir pas touché aux plus importantes (1). »

Nous arrivons, après les développements qui précèdent, à la troisième partie, où est abordée la question de la victoire sur le monde. Luther montre en quoi elle consiste et affirme que c'est par la foi seule qu'on peut la remporter, c'est-à-dire par Christ. La conclusion de tout le discours est d'étudier l'Evangile avec soin afin de devenir ainsi les enfants de Dieu.

Tel est, en quelques mots, le premier sermon vraiment

(1) Luth., Op., v. 1, p. 38.

réformateur de notre prédicateur. Bien des choses nous y frappent et provoquent notre admiration. Tandis qu'autour de lui, les moines et les prêtres enseignaient, comme nous l'avons vu, toutes sortes d'insanités et se plaisaient à traiter des questions burlesques et peu édifiantes, Luther proteste contre « toutes ces fables et ces fictions humaines » et il le fait avec une force remarquable. Il ne se borne pas à démolir l'édifice du passé, il jette du même coup les fondements sur lesquels s'élèvera l'édifice de l'avenir. Ce fondement, c'est la Parole de Dieu. Voilà la grande idée qui anime toutes les pages de ce discours et qu'il nous intéresse d'autant plus de retrouver encore chez notre moine Augustin, que nous verrons plus tard la Bible être entre ses mains, tout à la fois l'épée avec laquelle il attaque, et le bouclier derrière lequel il s'abrite.

Un autre trait est à relever dans ce sermon, c'est le souffle religieux qui l'inspire ; il ne s'agit pas ici des réformes à apporter dans l'organisation, de prendre quelques mesures pour mettre un terme à des abus et à des scandales, il s'agit de la vie religieuse même de chaque individu, et, par suite, de la vie de l'Eglise. On a voulu faire quelquefois de Luther « un grand agitateur du XVIᵉ siècle » « un moine qui voulait se marier » et voici que, dès les premiers jours de son activité publique, les idées de Réforme ne se présentent à son esprit que sous l'aspect d'une rénovation religieuse à accomplir dans toutes les âmes.

Naître de Dieu, voilà pour lui le but, et nous avons déjà remarqué que pour l'atteindre il affirme que la morale n'est pas un domaine indépendant de la doctrine, mais en est, au contraire, une conséquence immédiate ; nous sommes loin maintenant du sermon de 1515 sur la médisance.

C'est au fond, on vient de le voir, dans un esprit de respectueuse soumission à l'autorité de Rome, que le jeune professeur de Wittemberg se permettait de signaler les abus qui le scandalisaient et d'affirmer « qu'il était nécessaire d'opérer *une grande Réforme* dans l'Eglise (1). »

La polémique n'occupe pas, pendant la période que nous étudions, une bien grande place dans la prédication de notre futur Réformateur, tandis qu'elle en deviendra plus tard l'un des éléments les plus considérables ; il la mêlera à tout et n'abordera jamais un sujet sans trouver moyen d'attaquer les papistes. « ces ennemis de la croix de Christ (2), » « ces serviteurs du Diable (3), » « ces tueurs d'âmes (4), » « ces trompeurs, ces menteurs, ces serviteurs du ventre (5), » « cette troupe misérable, perdue et aveugle qui se précipite avec assurance dans l'enfer (6)? Sans

(1) Luth., Op. exeg., v. XII, p. 198.
(2) Luth., v. X, p. 421.
(3) Luth., v. VII, p. 97.
(4) Luth., v. XII, p. 380.
(5) Luth., v. XVII, p. 157, N. e., v. XVI, p. 271.
(6) Luth., v. VII, p. 96.

doute, il fera cela dans un esprit chrétien (1), mais il le fera sans ménagements et avec tout l'emportement d'une indignation qui ne peut pas se contenir. — Aujourd'hui, quoiqu'il sache voir et constater le mal qui a envahi l'Eglise, il ne fait de la polémique qu'avec une certaine modération et dans un tout autre esprit ; aujourd'hui encore, c'est le moine Augustin qui peut bien, sans doute, avoir soif de réformes et les réclamer avec éloquence du haut de la chaire, mais dont la dernière pensée est à coup sûr de devenir lui-même un Réformateur. Ce qui le prouve, c'est son attachement à l'Eglise et tous les préjugés catholiques dont il ne s'est pas encore débarrassé.

Nous avons voulu surtout jusqu'à présent montrer, dans le Luther des premières années, tout ce qui nous permettait de pressentir en lui le futur chef de la Réforme, mais il n'est pas moins important de montrer toutes les erreurs qui se mêlaient encore à sa pensée et toutes les obscurités de sa foi. Nous assistons ici à une véritable lutte entre deux principes qui se disputent l'âme de Luther. On dirait qu'il y a en lui deux hommes : d'une part, le futur Réformateur qui essaie de se dégager de toutes les entraves du passé ; de l'autre, le moine qui veut rester fidèle à l'autotorité et à la tradition. La lutte s'engage entre eux dès le début, mais la victoire qui doit finalement rester au Réfor-

(1) Luth., v. X, p. 393.

mateur ne sera cependant complète qu'après de longues
années. C'est dans notre première période surtout que l'on
peut constater les deux courants qui cherchent à entraîner,
en sens contraire, la pensée de Luther. Ses hésitations
ses tâtonnements, ses incertitudes sont ici plus sensibles
que dans les années suivantes. C'est la période de la préparation, ou, pour être plus vrai, c'est la première période
de la préparation, comme il serait facile de le montrer si
nous pouvions poursuivre notre étude au-delà du 31 octobre 1517.

Il était donc difficile à Luther, on le comprend, de s'af-
franchir des préjugés et des croyances traditionnelles. —
Aussi, tandis que nous le voyions s'élever tout à l'heure
contre les prêtres et leur reprocher leur ignorance (1), leur
lâche et insouciante paresse (2), et leur inconduite (3),
l'entendons-nous aussi, d'un autre côté, dire à ses auditeurs: « Les évêques, les prélats sont notre lumière, comme
l'œil est la lumière du corps. C'est dans l'Eglise et non pas
hors du corps chez les hérétiques que nous avons à chercher la lumière (4). » Et cette Eglise, pour laquelle il
réclamait, il y a un instant, les plus sérieuses et les plus
radicales réformes, demeure pour lui la véritable déposi-

(1) Luth., Op., exeg., v. XII, p. 85, 198, etc.
(2) Luth., Op.. v. I, p. 176, 210, etc.
(3) Luth., v. XXI, p. 192. — Op., v, I, 32, 33... 57, 81.
(4) Luth., Op., v. I, p. 141.

taire de la vérité, il veut en respecter tous les enseignements et il nous affirme « qu'il faut rester fidèle à l'autorité de l'Eglise, car celui qui se confie en son propre cœur
est un insensé (1). L'Eglise, ajoute-t-il, ne peut pas se
tromper (2). Comme ce langage ressemble peu à celui que
l'on entendra quelques années plus tard, mais cela n'est
pas étonnant, puisque Luther, pendant longtemps encore,
en attaquant l'Eglise, croyait sincèrement la défendre.
» L'Eglise ne l'a pas encore sanctionnée, » dit-il, une fois
en parlant d'une croyance sur laquelle il avoue n'être pas
encore parfaitement éclairé, et il réserve ainsi son jugement jusqu'à nouvel ordre. Même l'année suivante, en
1518, nous lui entendons dire : « qu'obéir à l'Eglise, c'est
obéir à Dieu, » mais, sans nous laisser entraîner au-delà
du 31 octobre 1517, qu'il nous suffise de constater à présent la double attitude prise ici par notre prédicateur.

Nous découvrons aussi dans la foi de Luther quelques
éléments disparates, même peut-être sur le sujet qui lui
tient le plus à cœur, c'est-à-dire la complète impossibilité de
l'homme à se sauver par ses bonnes œuvres et la Rédemption en Jésus-Christ. Nous avons vu avec quelle force il
proclame cette grande doctrine et nous ne voulons pas dire
qu'il l'ait contredite alors dans sa prédication, mais, ce qui
nous frappe, c'est quelquefois un manque de netteté et de

(1) Prov., XXVIII, 26.
(2) Op., exeg., v. XII, p. 83.

précision dans l'expression dont nous ne saurions retrouver plus tard aucun exemple. Ainsi, dans le premier sermon que nous ayons de lui sur les indulgences, après avoir dit que la vraie repentance et l'humiliation sont voulues de Dieu, il ajoute, en parlant de ceux qui ne les ont pas éprouvées : « Il faut que les autres souffrent dans le purgatoire *parce qu'ils n'ont pas mérité qu'on leur vienne en aide,* c'est-à-dire qu'ils ne s'en sont pas *rendus dignes* par une contrition convenable et le renoncement à l'amour des choses présentes (1), » Il y a là, on le voit, dans la pensée de Luther, une sorte de mérite que nous acquiert la repentance, lorsqu'elle est sincère, et, cependant, n'est-ce peut-être qu'une contradiction dans les termes, car nous lisons, ailleurs, les déclarations les plus positives sur l'œuvre de Christ.

Chose étrange, ces déclarations se trouvent quelquefois dans les pages mêmes où Luther exprime des idées que l'on ne saurait concilier avec elles. Ce qu'il pense des indulgences, par exemple, avant le 31 octobre 1517, ne saurait s'accorder bien facilement avec des affirmations aussi catégoriques que celle-ci : « Où est la sagesse ? s'écrie-t-il, où est la justice ? où est la vérité ? où est la vertu ? Non pas en nous, mais en Christ, hors de nous, en Dieu. Nous sommes devenus, nous, des pauvres malheureux, des insensés, des pécheurs, des menteurs, des êtres faibles et vains, mais

(1) Luth., Op., v. I, p. 167.

tout a été donné à Christ (1). » « Sachez donc que notre
justice, notre vertu, notre sagesse, c'est Christ lui-même
tel que Dieu l'a fait pour nous, c'est en lui que le Père a
mis sa toute sagesse, ses vertus, sa justice pour les rendre
nôtres. Voilà ce qui s'appelle connaitre le fils (2). » « Les
mérites de Christ nous ont été imputés (3).» Comprend-t-on
que le même jour, Luther, après avoir prononcé ces paroles put, tout en protestant, il est vrai, contre les indulgences, tolérer cependant encore qu'on les accordât « aux faibles en la foi (4) ? » Comprend-t-on que la même année, il
put s'écrier : « *Je ne rejette pas les Indulgences Romaines*,
mais je voudrais que chaque chose fût estimée à sa valeur
et que, puisqu'on peut avoir de bon or à rien ne coûte, on
n'aille pas estimer le cuivre plus que l'or (5) ? » Ces quelques passages prouvent bien que Luther n'avait pas encore
compris toute la portée de la doctrine évangélique du salut
par Christ ; il ne voyait pas que la croix de Jésus et les
indulgences étaient absolument inconciliables.

Puisque nous venons de toucher ici à la question des indulgences, il importe de nous demander quelle était au
juste la pensée de notre prédicateur sur ce sujet avant le

(1) Luth., Op., v. I, p. 173.
(2) Luth., Op., v. I, p. 174.
(3) Luth., Op., v. I, p. 175.
(4) Luth., Op., v. I, p. 176.
(5) Luth., v. XXI, p. 243.

31 octobre 1517. On sait que le honteux trafic de Tetzel fut
une des causes qui le déterminèrent à agir et le firent entrer dans la voie où il devait devenir réformateur. Voyons
donc, aussi complètement que possible, ce que sa prédication nous apprend sur cette question si importante.

Nous avons parlé, en passant, du premier sermon sur les
indulgences qui nous soit parvenu. Il est de l'été 1516,
époque à laquelle Luther avait déjà entendu parler du com-
merce de Tetzel.

Une chose nous frappe, c'est de voir combien notre prédicateur avait, encore à cette époque, une intelligence peu
nette de la question. Lui-même l'avoue, sur divers points il
est embarrassé, il doute, il ne sait que penser (1). En tout cas,
il ne condamne pas encore les indulgences en elles-mêmes,
mais plutôt l'abus qu'on en fait ou le sens qu'on leur donne.
« Quoique, dit-il en commençant, les indulgences soient
les mérites mêmes de Christ et de ses Saints et qu'à ce titre
elles réclament toute notre vénération, elles sont cependant devenues aujourd'hui un épouvantable ministère d'avarice. Où sont-ils, en effet, ceux qui par leur moyen, cherchent
à sauver les âmes de leurs auditeurs ? Ne cherchent-ils pas
bien davantage à faire sortir l'argent de leurs bourses ? On
le voit bien clairement à la manière dont ils accomplissent
leur tâche. Les commissaires d'indulgences, en effet, ne font

(1) Luth., Op., v. I, p. 168, 170.

pas autre chose dans leurs prédications que de vanter leur marchandise et de pousser le peuple à payer (1). » Ce qui donc révolte tout d'abord Luther, c'est l'abus que l'on fait d'une chose sainte ; n'est-ce pas indigne d'être obligé d'acheter sa délivrance ou son pardon ? « Le pape est bien cruel, s'écrie-t-il, de ne pas accorder gratis à ces pauvres âmes, ce qu'il peut leur donner pour de l'argent et il ajoute que le pape « a besoin de cet argent pour son Église (2), » faisant évidemment allusion aux discours de Tetzel qui voulait remplir ses caisses pour aider à la construction de Saint-Pierre de Rome. Ce qui indigne encore Luther, c'est la signification que l'on donne aux indulgences. On n'explique pas au peuple en quoi elles consistent réellement, en sorte « que les gens se croient sauvés, dès qu'ils les ont reçues, » tandis qu'elles ne sont en réalité « que la dispense d'une peine temporaire qu'il faudrait subir ici, parce que le prêtre l'a infligée, ou achever de l'expier dans le Purgatoire (3). » Ici se pose la question de savoir jusqu'où va le pouvoir du pape. Les indulgences, cela est certain, « ne peuvent pas diminuer nos convoitises, guérir la maladie de nos âmes et augmenter en nous l'amour ou toute autre vertu (4). » Tout ce que le

(1) Luth., Op., v. I, p. 166.
(2) Luth., Op., v. I, p. 167.
(3) Luth , Op., v. I, p. 166.
(4) Luth., Op., v. I, p. 166.

pape peut donc faire, c'est d'intercéder pour les âmes avec toute l'Eglise, et, ici encore, se présente la question de savoir dans quelle mesure Dieu acceptera cette intercession. Le pape peut délivrer une âme du pargatoire pour ce qui regarde les pénitences qu'il a lui-même infligées, comme il est dit dans sa bulle : Nous dispensons miséricordieusement des pénitences que nous avions ordonnées, dans la mesure où s'étend le pouvoir des clefs de notre sainte mère l'Eglise (1). »

Luther, qui limite ainsi l'action des indulgences et demeure, du reste, en cela fidèle à la théorie catholique, ne veut pas se contenter de la suppression tout extérieure de la peine infligée par le prêtre ; il insiste sur la nécessité de la pénitence, dont Tetzel et ses compagnons ne parlaient guère dans leurs discours. Pour lui, la vraie pénitence est celle du cœur ; c'est l'humiliation dans le sentiment réel du péché. Voilà ce que Dieu réclame et c'est à ceux-là seuls qui l'éprouvent, que sont destinées les indulgences. « Mais, dira-t-on, si la parfaite contrition supprime le châtiment, à quoi bon les indulgences? *Je confesse mon ignorance*, répond Luther (2). »

Ainsi, sur ce grand sujet dont l'importance était capitale, le jeune professeur de Wittemberg n'avait encore que des idées vagues et confuses. L'année suivante, à la veille

(1) Luth., Op., v. I, p. 167.
(2) Luth., Op., v. I, p. 168.

même du 31 octobre, il ne condamnait pas les indulgences
d'une manière absolue, et, si nous pouvions poursuivre notre étude, nous ferions d'aussi étranges découvertes. Sans
doute, dans le sermon du jour de Saint-Mathieu 1517, il
flétrit les indulgences en termes plus énergiques qu'en
1516, et il leur reproche « d'apprendre au peuple à échapper
à la peine du péché et à en avoir horreur, mais non pas à
fuir et à détester le péché lui-même..... J'affirme, dit-il (et
plût à Dieu que ce fut un mensonge), que le nom d'indulgence est parfaitement choisi, parce que accorder une indulgence signifie permettre et indulgence signifie ainsi
impunité, c'est-à-dire permission de pécher et liberté de
rabaisser la croix de Christ (1). »

Si Luther faisait retentir ainsi ces courageuses protesta-
tions du haut de la chaire, s'il osait même les faire entendre aux archevêques et aux grands dignitaires de l'Eglise,
c'est que sa conscience protestait contre l'ignoble trafic de
Tetrel, mais il ne comprenait pas encore que les indulgences par leur nature même portaient atteinte à sa foi, en
diminuant les mérites infinis de Jésus-Christ.

Il commettait une erreur semblable en admettant l'exis-
tence du purgatoire. Il le suppose même plus peuplé que
d'habitude, parce que les chrétiens sont maintenant endormis et paresseux « et Dieu sans doute voyant que les

(1) Luth., Op., v. I, p. 176.

vivants méprisent sa miséricorde la réserve avec plus
d'abondance pour les morts (1). » Si l'œuvre de Christ est
parfaite, comme le prêchait Luther, comment se fait-il qu'il
pût croire encore à un purgatoire ? A quoi servent les mérites des saints (2), à quoi sert le purgatoire et à quoi sert
l'intervention du pape si le sang de Jésus a effacé tous nos
péchés, si la foi seule nous sauve et si elle est un acte per-
sonnel par lequel nous nous approprions les mérites du
Sauveur ? Luther a eu beaucoup de peine à dégager sa foi
de tous ces préjugés et au sujet du purgatoire on peut constater qu'il a mis plusieurs années avant de le rejeter d'une
manière absolument définitive. Le 31 octobre, il y croit sans
restriction aucune et les quatre-vingt-quinze thèses elles-
mêmes nous en donnent la preuve (3). Après cela il en parlera encore quelquefois, mais comme d'une croyance qu'il
conseille seulement de ne pas accepter, ne voulant pas
« empêcher de prier pour les morts (4) ; » il affirmera en
même temps que le purgatoire n'est « qu'une invention du
pape (5), » « une honteuse abomination (6), » « un rêve de
moines (7), » et il finira par résumer dans un écrit de 1530,

(1) Luth., Op., v. I, p. 171.
(2) Luth., Op., v. I, p. 166.
(3) Thèses, 8-22. Luth., Op., v. 1, p. 286.
(4) Luth., v. X, p. 358.
(5) Luth., v. XI, p. 288.
(6) Luth., v. XIII, p. 280.
(7) Luth., v. XIV, p. 22.

tout ce qu'il y a à dire sur la question contre la théorie catholique (1).

Nous retrouvons, au sujet du culte des saints, la même incertitude qu'au sujet des indulgences. Il dit bien une fois « qu'une calamité a surtout pris aujourd'hui de grandes proportions, c'est que l'on adore les saints et on a des patrons d'orgueil et d'avarice (2), » mais, au fond, il ne défend pas qu'on les invoque. Ce qu'il blâme avant tout, c'est la manière dont on le fait : « Je ne défends pas, dit-il, qu'on invoque les saints pour des biens temporels, mais ce que je condamne, c'est qu'on ne recherche en réalité auprès d'eux que ces biens temporels et qu'on ne prend pas garde à leurs vertus et aux exemples qu'ils nous ont laissés (3)..... Tandis que les saints ont cherché pendant toute leur vie les choses de Dieu, nous, nous ne cherchons que les nôtres sans nous soucier de la gloire de Dieu. On ne prêche, ici et là, que le bien qu'ils pourront nous faire, sans montrer ce que la miséricorde de Dieu a accompli en eux. On va même jusqu'à l'audace et la témérité de discuter quel est au ciel le saint qui est le plus grand devant Dieu (4)..... Oui, à notre époque, hélas! le culte des saints en est arrivé là, si

---

(1) Widerruf vom Fegfeuer XXXI, p. 184.

(2) Luth., Op., v. I, p. 104. « Nous nous adorons nous-mêmes sous le nom des saints. » Op. exeg., v. XII, p. 47.

(3) Luth., Op. exeg., v. XII, p. 37.

(4) Luth., Op. exeg., v. XII. p. 43.

bien qu'il vaudrait mieux qu'il n'y eût plus de fête de saints et qu'on ne sût plus même leurs noms..... C'est pourquoi nos évêques devraient veiller avec soin, et la mesure la plus favorable à prendre serait de supprimer tous ces jours de fête ou de n'en conserver qu'un tout petit nombre, dans lesquels, le matin, on célébrerait la messe et où on écouterait la parole de Dieu (1)..... Le vrai culte des saints est un culte sincère et intérieur. Il consiste dans les louanges du cœur, puis dans les paroles et dans les œuvres, c'est-à-dire lorsque Dieu est loué dans les saints et les saints loués en Dieu, selon qu'il est écrit : Louez Dieu dans les saints, louez-le selon l'étendue de sa grandeur (2). Ce culte-là est non-seulement agréable à Dieu, mais aux saints eux-mêmes et de plus il est salutaire et incomparablement plus utile que lorsqu'on les adore à cause de soi et de ses biens. Ce culte est salutaire, tandis que l'autre est nuisible (3).... C'est pourquoi l'Eglise ne dit pas : saint Paul, guéris mes blessures, mais: saint Paul, prie pour moi. Du reste, il faut savoir que les saints peuvent toutes choses et que Dieu t'accordera par eux selon ta foi. Aussi, tu dois confier toutes tes affaires au saint que tu préfères, mais, avant tout, remets entre ses mains tes péchés et les besoins de ton âme (4). »

(1) Luth., Op. exeg., v. XII, p. 45.
(2) Ps. CL, 1. — Luth., Op. exeg., v. XII, p. 40.
(3) Luth., Op., exeg., v. XII, p. 41.
(4) Luth., Op., exeg., v. XII, p. 40.

Ainsi, Luther croyait au pouvoir des saints et il se bornait seulement à réclamer pour leur culte un esprit plus religieux et une adoration moins vulgaire et intéressée. Il ne s'est que progressivement affranchi de cette croyance traditionnelle, mais s'il a tardé peut-être à condamner, d'une manière tout à fait catégorique, le culte des saints, il faut du moins reconnaître que, depuis le jour où il a trouvé en Christ son Sauveur, ils ont joué un rôle bien effacé dans sa vie, et, plus il a avancé dans l'intelligence de la Vérité évangélique, plus il les a laissés dans l'ombre. Déjà, dans notre première période, il en est relativement peu question, et, après le 31 octobre 1517, il les oubliera de plus en plus jusqu'au jour où, après avoir appelé leur culte « une idolâtrie, une honteuse et mensongère folie (1), » « une épouvantable abomination (2), il comprendra enfin, avec son esprit, ce que depuis longtemps déjà il comprenait avec son cœur et ne cessait de prêcher, c'est que Christ seul suffit au pécheur et qu'entre Dieu et nous tout autre médiateur est inutile et même dangereux.

La Vierge Marie ne pouvait pas plus que les saints, même dès le début, occuper une grande place dans la piété personnelle de Luther ; aussi ne lui en accorda-t-il pas une très grande non plus dans sa prédication. Quand il en parle, c'est toujours pour en faire l'éloge, la proposer comme

(1) Luth., v. XII, p. 386. — v. XV, p. 382.
(2) Luth., v. XIII, p. 280.

exemple à ses auditeurs, mais sans la placer jamais sur le
même rang que Jésus-Christ, et pourtant nous l'entendons
s'écrier une fois, dans un sermon de 1516 : « O heureuse
mère ! ô très digne Vierge ! souviens-toi de nous et fais
que le Seigneur accomplisse en nous toutes ces grandes
choses (1). »

Plus tard, lorsqu'il se reportait par la pensée à ces premières années de son séjour à Wittemberg, il rougissait
de ses inconséquences et de ses erreurs. « Je demande,
dit-il, dans une préface à ses œuvres complètes, je demande
au lecteur pieux pour l'amour de notre Seigneur Jésus-
Christ de lire ces pages avec discernement, même avec une
grande indulgence. Qu'il sache qu'autrefois j'étais moine et
le plus insensé des papistes avant d'embrasser cette cause.
J'étais vraiment ivre, bien plus, noyé dans les ordonnances
du pape. J'aurais été prêt à tuer, si j'avais pu, quiconque
aurait refusé, même par une syllabe, d'obéir au pape. J'aurais consenti, j'aurais participé au meurtre..... Ainsi tu
verras, dans mes premiers écrits, combien de grandes et
de basses concessions j'ai faites au pape; j'y ai vu depuis
et j'y vois aujourd'hui les plus grands blasphèmes. Je les
ai en abomination et les exécre. Tu attribueras cette erreur,
pieux lecteur, et cette contradiction, au temps et à mon
ignorance. Et d'abord, j'étais seul et à coup sûr bien indi-

(1) Luth., Op., v. 1, p. 118.

gne et bien incapable de traiter de si grands sujets, car
c'est au hasard et non point à ma volonté et à mes goûts
que je dois d'être tombé dans ce tourbillon, Dieu lui-même
m'en est témoin..... Si je raconte ces faits, cher lecteur,
c'est pour que, si tu lis mes œuvres, tu te souviennes que
je suis de ceux qui ont progressé, comme le dit saint Augustin pour lui-même, en écrivant et en enseignant et non
point de ceux qui franchissent tous les degrés, sans avoir
jamais été ni travaillés, ni tentés, ni éprouvés (1)..... »

Ainsi entraîné tantôt par les saintes aspirations de son
cœur, tantôt par la puissance de la tradition, Luther, à la
veille du 31 octobre 1517, prêchait à ses auditeurs les doctrines essentielles de l'Evangile, mais elles étaient encore mêlées dans son esprit aux erreurs du temps. Qui se fut alors
douté que ce jeune moine allait devenir le grand Réformateur, dont la parole, toujours plus énergique et plus vivante,
devait ébranler le monde? Luther y songeait moins que
personne; sa seule préoccupation était d'être fidèle à la
volonté de son maître, et c'est là ce qui a été le secret de
sa force et l'a fait devenir entre les mains de Dieu le prédicateur remarquable qui devait réformer l'Eglise et sauver
les âmes. Ne pourrait-on pas, en vérité, lui appliquer ces
paroles qu'il prononçait un jour dans un sermon de 1516,
et qui semblent si bien caractériser son œuvre:

(1) Luth., Op., v. I, p. 16, 23.

« Les hommes conduits par l'esprit de Dieu, disait-il, sont prêts à accomplir l'œuvre à laquelle ils sont appelés, quelle qu'elle soit ; ils ne savent pas où ils sont conduits, mais ils le sont par Dieu à travers beaucoup de souffrances et d'humiliations. Ils se remettent à Dieu sans s'attacher à une œuvre particulière ; ce qu'ils entreprennent n'a, au début, point de nom, mais seulement, à la fin, lorsque l'œuvre est accomplie (1). »

(1) Luth., Op., v. 1, p. 140.

CHAPITRE IV

CARACTÉRISTIQUE GÉNÉRALE

CHAPITRE IV

Caractéristique générale

Nous voudrions essayer, avant de terminer, de résumer brièvement notre étude, et, en signalant quelques autres traits essentiels qui méritent d'être relevés, de nous faire une plus juste idée de ce qu'a été la prédication de Luther jusqu'au 31 octobre 1517.

Nous l'avons vu, tout d'abord, à l'exemple des prédicateurs du xve siècle, s'embarrasser dans les raisonnements d'une scolastique obscure, puis se faire l'apôtre d'une morale quelque peu sèche et froide et proclamer pourtant déjà, avec une certaine force, les grands principes de la Réforme. Nous avons surpris ainsi les premiers tâtonnements de sa pensée, puis, en poursuivant notre étude, nous l'avons vu prendre une attitude décidément plus évangélique. Ici

pourtant sa pensée, toujours indécise et flottante, se laisse
arrêter par les erreurs et les préjugés traditionnels au milieu desquels elle se meut et ne sait pas se dégager encore
de tous les obstacles qui entravent son élan. Elle s'est dé-
pouillée, sans doute, de la subtilité scolastique, mais c'est
pour se retrouver hésitante et incertaine en face des doctrines, que la conscience chrétienne semble condamner,
tandis que l'Eglise de Rome les approuve. Néanmoins, depuis les premiers jours de 1515 jusqu'aux derniers jours du
mois d'octobre 1517, on peut constater un progrès réel. La
prédication de Luther est devenue plus franchement chrétienne, elle a plus de saveur et plus d'attrait.

Tandis que d'une main le moine de Wittemberg brise
l'édifice de la justice propre qui repose sur le fragile fondement des bonnes œuvres, de l'autre, il dirige les regards
vers le Sauveur qui répare les ruines du vieil homme et
lui apporte le salut et la vie. La place faite à Christ semble
devenir toujours plus grande. Il n'est pas seulement un modèle (1), il est avant tout un Rédempteur pour les âmes
pécheresses et perdues. La morale n'est plus indépendante
de la doctrine, mais lui est, au contraire, unie par les liens
les plus étroits et nous entendons retentir à ce sujet d'é-
nergiques appels à une Réforme. Les vices du clergé, son
indifférence et son incrédulité sont flétris avec courage, et

(1) Luth., Op., v. I, p. 75, 82, etc.

l'Eglise, quoique toujours respectée, se voit attaquée dans la personne de ses représentants. Cependant Luther se laisse peu entraîner encore par la polémique.

Dans cette première période, il affirme d'habitude la vérité, sans songer à combattre l'erreur, comme il sait aussi se passer du secours de la scolastique, sans vouloir toujours pour cela la frapper de ses coups, tandis que plus tard il apportera dans la lutte toute l'ardeur dont il est capable et ne pourra pas prêcher l'Evangile sans poursuivre le papisme et l'hérésie de ses plus terribles anathêmes. Aujourd'hui il est préoccupé de concilier les exigences de sa conscience et de sa foi avec les déclarations de l'Eglise et du pape ; de là, d'un côté, les préjugés et les erreurs auxquels il ne sait pas échapper, et, de l'autre, cette grande indépendance de pensée et cette admirable franchise de langage qui nous frappent, alors même qu'il ne rompt pas encore d'une manière catégorique avec les croyances de l'Eglise. Il est remarquable, en effet, que de très bonne heure déjà il a modifié le sens des doctrines contre lesquelles il ne songeait pas encore à protester, mais qu'il devait rejeter plus tard. Les indulgences, le culte des saints, le purgatoire ont pour lui une autre signification que celle qui était alors universellement répandue, et, quand il prêchait sur ces sujets, il froissait à coup sûr, aussi bien que lorsqu'il combattait le salut par les œuvres, les idées reçues et peut-être les idées les plus chères de son auditoire, parce qu'elles favo-

10

risaient plus que d'autres une piété extérieure et formaliste.
Voilà pourquoi, même lorsqu'il est le plus catholique, il est
pourtant aussi dans une certaine mesure Réformateur, et,
sous la robe du moine, on sent battre déjà le cœur du grand
Luther.

Néanmoins, un fait nous paraît singulièrement étrange,
c'est le calme avec lequel il prêche sur les indulgences. Ou
bien, il reconnaît son ignorance sur un côté de la question,
ou bien, s'il rectifie l'opinion courante, il le fait sans donner
essor à toute son indignation, et, tandis qu'il a pu trouver
les expressions les plus énergiques pour condamner la médisance et attaquer Aristote et le clergé, il ne nous fait
entendre ici qu'un langage relativement modéré, même à la
veille du 31 octobre.

Du reste, si nous poursuivions notre étude, nous serions
également surpris de voir que ce sujet est un de ceux qu'il
a abordés le plus rarement et sans y apporter toute la vi-
gueur et tout le feu que nous retrouvons si souvent ailleurs
dans sa parole. Il préférait annoncer l'amour de son Sauveur et réserver son indignation pour les bonnes œuvres
dont on voulait faire un marche-pied pour entrer au ciel.

Déjà il jetait les bases du grand édifice que D eu l'appelait à élever un jour. La Bible était le rocher sur lequel il
voulait bâtir et il a toujours recours à elle pour prouver ce
qu'il affirme. Sa prédication est donc toute nourrie de la
parole de Dieu, mais les citations qu'il en fait sont plus ou

moins heureuses. Nous les trouvons quelquefois, dans cette première période, accumulées sans beaucoup de discernement et l'intelligence du texte fait souvent défaut. Il y a cependant progrès sur les cours donnés par Luther en 1512; il a presque tout à fait renoncé maintenant à voir dans l'Ecriture les sens : tropologique, anagogique, etc. et c'est à peine si on en retrouve les traces (1). Au contraire, il se moque des scolastiques qui, en interprètant ainsi la parole de Dieu, n'en comprennent pas un seul mot (2).

Son exégèse n'en est pas moins quelquefois encore allégorique. Nous en trouvons un exemple frappant dans un sermon de 1516, sur la Résurrection de Christ, qui, comme plusieurs sermons de cette période, est un peu confus et traité en dehors du texte. Luther parle sur l'énigme de Samson et ne songe nullement au sens réel et littéral de ce récit de l'Ancien Testament. Il allégorise tout : « Le lion, nous dit-il, est le peuple juif qui s'est élevé avec violence contre Christ et l'a tué, et on a trouvé dans sa bouche du miel, c'est-à-dire que dans les écrits de la loi portés dans la bouche, on a toujours trouvé l'Evangile...., mais on n'aurait pas trouvé de miel dans sa bouche, si le lion, c'est-à-dire le peuple de la synagogue n'avait pas été tué par la lettre. Car aussi longtemps que vivait la loi, la bouche du lion et par suite le lion même vivait, mais la loi étant ac-

(1) Luth., Op., v. I, p. 141, 149.
(2) Luth., Op., exeg., v. XII, p. 194.

complie et la lettre morte, le peuple qui vivait en elle ne vit plus (1). »

Plus loin, Luther arrive aux mystères : *Nunc mysteria* (2) » dit-il ; c'est ce que nous retrouvons plus tard sous le titre de *Heimliche Deutung*, avec cette différence toutefois que la *Heimliche Deutung* sera toujours précédée de l'explication du sens réel du texte, tandis qu'ici tout est allégorique.

« Parlons tout d'abord de Christ, dit Luther, qui est sorti de la bouche du diable qui l'avait dévoré, car c'est lui qui est notre nourriture, notre Pâques, notre pain descendu du ciel. Le lion l'a dévoré, et, s'il ne l'avait pas fait, il ne serait point sorti de nourriture pour notre âme (3). » Quant au sens moral du texte, on peut dire que « la nourriture procède de celui qui dévorait, lorsqu'un homme converti et mort au péché, qui autrefois mangeait des ordures, dispense lui-même aux autres la nourriture de la parole de Dieu ; car celui qui vit dans le péché se nourrit de choses charnelles et boit l'iniquité comme de l'eau, mais, quand il est mort, il nourrit les autres (4). »

Déjà le premier sermon de Luther, celui du jour de la

(1) Luth., Op., v. I, p. 96, 97.

(2) Plus tard, Luther disait : « Les *Mysteria* doivent être des expressions claires qui exposent nettement les articles de la foi. » v. X, p. 171, et ailleurs. « Ce sont les choses ou les biens que Christ a prêchés par l'Évangile et que la foi seule saisit et retient, » v. VII. p. 91.

(3) Luth., Op., v. 1, p. 97.

(4) Luth., Op., v. 1, p. 98.

Saint-Martin, nous donne une idée de cette exégèse allégorique qui, sans lui être alors très-familière, reparaît cependant quelquefois dans les sermons de cette première période. En racontant, dans ce fragment de 1515, l'ivresse de Noë et la faute de Cham, Luther nous dit que découvrir (?) Noë, c'est prêcher Christ nu et crucifié, afin que l'homme apprenne à espérer même dans le désespoir et l'adversité, et couvrir Noë, c'est se faire l'esclave de la chair et de ses passions (1).

On dirait qu'il y a deux genres d'allégories chez notre prédicateur, l'un qui consiste à oublier le sens historique et réel du texte, comme dans le sermon de la résurrection de Christ, et l'autre, plus naturel et plus vrai, qui consiste à voir dans le récit d'un fait une image qui renferme pour les auditeurs un enseignement pratique. Ainsi, dans un sermon de 1517, sur les dons des mages, nous lisons, « que l'encens, c'est la foi, et l'or, l'espérance, car la foi croit que tout vient et viendra de Dieu, et l'espérance attend ce que la foi croit. En troisième lieu, suit l'amour, c'est-à-dire que l'on doit confesser que Christ est un homme et qu'il a souffert, et il faut exprimer ses souffrances et sa

---

(1) Luth., Op. v. I, p. 88. Ce passage est difficile à traduire et nous ne savons pas si nous avons bien rendu la pensée de Luther; voici le texte : Velatio significat prædicationem nudi Christi et crucifixi, ut et sic homo disceret sperare (fidere) in desperatione et adversitatibus. Tegere vero Noë est suis cupiditatibus servire et carni.

mort dans le fond du cœur par une compassion vivante, de telle sorte que l'on veuille mourir avec joie comme lu aussi est mort (1). Puis, donnant encore à son allégorie un caractère peut-être plus pratique et plus direct, Luther ajoute : « Il est évident que chacun, quel qu'il soit, peut offrir à Christ ces présents, le pauvre aussi bien que le riche, d'autant mieux que nous n'avons pas à apporter de l'or, de l'encens et de la myrrhe, qui se voient et qui se touchent, mais à apporter l'offrande de notre foi et de notre ferme confiance dans les choses invisibles. Croire, en effet, que Christ est roi, Dieu et homme, c'est offrir ces trois présents (2). »

L'allégorie se transforme donc, presque toujours, dans la bouche de notre prédicateur en une exhortation édifiante, quoiqu'elle se présente quelquefois aussi, il faut bien le dire, sous un aspect un peu étrange.

Dans ses belles prédications sur les dix commandements, par exemple, il prétend que « la seconde plaie d'Égypte, qui fut un envoi de grenouilles, ne signifie pas autre chose que stérile bavardage, car la première, qui fut la plaie du sang, signifie que l'homme en devenant chair et sang devient langue tout entier; il ne dit que des choses vaines, et, plus il est vain, plus il veut parler (3). » Ailleurs, il dis-

(1) Luth., Op., v. I, p. 193.
(2) Luth., Op., v. I, p. 194. Cf. p. 142, 147, 200, 202, 207.
(3) « Item, inde secunda statim plaga Ægypti fuit ranarum immis-

tingue le sens spirituel et le sens mystique, et comme exemple de sens mystique, il nous dit que « le sacrifice d'un passereau signifie la macération de la chair (1). »

Néanmoins, l'allégorie de Luther ressemble peu aux allégories subtiles et fantaisistes des prédicateurs du temps. « Les allégories, disait-il plus tard, servent aux prédicateurs qui n'ont pas beaucoup étudié, qui ne connaissent pas l'histoire et ne savent pas bien expliquer leur texte. L'étoffe est trop courte pour eux, elle ne suffit pas à tout remplir, alors ils se jettent dans les allégories qui n'enseignent rien de certain et sur lesquelles on ne peut rien fonder ni poser le pied avec assurance ; aussi devons-nous nous accoutumer à rester fidèle au texte clair et salutaire (2). »

Luther allégorisait, du reste, toujours moins, et, dans le plus grand nombre de ses sermons, nous ne trouvons que l'explication toute naturelle de la parole de Dieu. Déjà à cette époque, il aurait pu dire, dans une grande mesure, ce qu'il racontait un jour plus tard à des amis : « Lorsque j'étais jeune, j'étais instruit, et, en particulier, avant d'entrer en théologie, je m'occupais d'allégories, tropologies, anagogies et je ne faisais que de la science, » mais il pou-

sio, quæ linguacitatem significant sterilem, quia prima fuit sanguis, significans, quod, quando homo fit caro et sanguis, totus fit lingua, et nonnisi vana loquitur, et quo vanior est, eo plus vult loqui. » Luth., Op. exeg., v. XII, p. 138.

(1) Luth., Op. exeg., v. XII, p. 113.

(2) Luth., v. LXII, p. 33.

vait seulement, après plusieurs années de ministère, ajouter : « J'ai abandonné tout cela et ma meilleure et ma plus grande science, est de *tradere scripturam simplici sensu,* car le *literalis sensus* est la chose importante. C'est là qu'est la vie, là qu'est la force, la doctrine et la science ; tout le reste n'est que folie, quoique cela brille d'un grand éclat (1). »

Dans notre première période, Luther avait aussi, sans doute, ses explications minutieuses et puériles et s'attardait parfois sur la signification des noms bibliques (2), dans des détails plus ou moins utiles et intéressants ; mais si la parole de Dieu pouvait ne pas être toujours comprise par lui d'une manière très heureuse, elle n'en était pas moins pour

(1) Luth., v. LXII, p. 34. « Lorsque j'étais moine, disait-il plus tard en songeant sans doute au temps qu'il passa à Erfurt, j'étais passé maître en fait d'explications spirituelles..., j'allégorisais tout, j'interprétais tout spirituellement, même les lieux secrets... » et il ajoutait : « Lorsque je parvins, par la lecture de l'épître aux Romains, à la connaissance de Christ, je vis que toutes ces allégories et ces explications spirituelles n'étaient que néant. » — Luther en voulait surtout à Origène : « Saint Jérôme et Origène, disait-il, ont contribué, à tout faire allégoriser. Que Dieu leur pardonne, il n'y a pas, dans tout Origène, un seul mot de Christ. » — Luth., v. LXII, p. 34.

Et ailleurs : « Origène a joué avec l'Ecriture et en a entraîné plusieurs autres avec lui, en sorte que l'on regardait comme en possession du plus grand savoir celui qui savait faire de telles interprétations : les églises en ont été remplies ils; ont voulu imiter, ajoute Luther, l'apôtre saint Paul qui compare les deux Alliances à deux femmes, mais ils ne l'ont pas compris et leurs explications allégoriques sont hors de sens. » — Luth., v. IX, p. 229.

(2) Luth., Op., v. I, p. 150, 164.

son âme la parole de vie, où il avait appris à mieux connaître son sauveur et il aimait à la citer souvent dans ses sermons, ce qui donne à sa prédication, comme nous le disions
tout à l'heure, un caractère tout à fait biblique.

Cependant il ne se bornait pas, comme il le fit plus tard,
à ne citer presque exclusivement que les Saintes-Écritures.
Il était au lendemain de ses études et en avait l'esprit tout
plein encore de souvenirs. Il ne faut donc pas s'étonner d'en
retrouver les traces dans sa prédication. Qu'on se rapelle,
en effet, l'emploi de ses premières années. A dix-huit ans, il
vint à l'université d'Erfurt et s'y livra au travail avec une
véritable ardeur, dévoré de la soif d'apprendre et de connaître. L'antiquité classique lui devint bientôt famillière ; il
lisait avec délices Cicéron et Virgile, puis se plongeait dans
l'étude plus aride de la scolastique et de la philosophie.
Aristote, Thomas-d'Aquin, Scot, Guillaume Occam, plus
tard Biel et Pierre d'Ailly et les Mystiques Tauler, Gerson,
furent pour lui l'objet d'un travail assidu dans lequel il se
trouvait secondé par sa vaste intelligence et sa prodigieuse
mémoire. Entré quelques années après au couvent, il y
poursuivit ses chères études, consacrant alors ses meil-
leures heures à la lecture de la Bible, de saint Augustin et
de Bernard de Clairvaux. Il amassait ainsi des matériaux
pour l'avenir, agrandissait toujours plus l'étendue de ses
connaissances et se préparait à son insu à consacrer un
jour, uniquement au service de Dieu, le fruit de tant de

veilles et de tant de travaux. Nous en trouvons une preuve dans sa prédication, et elle est, à coup sûr, plus sensible dans la premiere période que dans la suivante. La parole du moine n'est pas toujours aussi austère peut-être que celle du Réformateur ; le profane s'y mêle au sacré, et, à côté des textes bibliques qu'elle se plaît à rappeler, nous rencontrons les citations d'un orateur ou d'un poëte de l'antiquité. C'est là un trait tout particulier de la prédication de Luther pendant ces premières années, mais qui s'est avec le temps assez rapidement effacé.

Nous voyons apparaître maintenant ici et là un mot de Cicéron (1), d'Horace (2), de Juvénal (3), d'Ovide (4), de Pline (5), de Plaute lui-même (6), etc. Mais Luther se consacrait surtout alors, même depuis son entrée au couvent, à l'étude des Pères de l'Église et des grands mystiques du moyen âge. Aussi constatons-nous dans ses sermons le fruit de ses nombreuses et sérieuses lectures. Ambroise (7), Cyprien (8), Jérôme (9), Chrysostôme (10), et d'autres encore

Nous n'indiquerons ici que quelques passages au hasard.
(1) Luth., Op., v. I, p. 173.
(2) Luth., Op., v. I, p. 60 ; Op. exeg., v. XII, p. 168, 172
(3) Luth., Op. exeg., v. XII, p. 39.
(4) Luth., Op. exeg., v. XII, p. 170, 175.
(5) Luth., Op., v. I, p. 86 ; Op. exeg., v. XII, p. 215.
(6) Luth., Op. exeg., v. XII, p. 102.
(7) Luth.; Op. exeg., v. XII, p. 25, 162, 176.
(8) Luth., Op. exeg., v. XII, p. 39.
(9) Luth., Op. exeg., v. XII, p. 147, 194, 205, 215.
(10) Luth., Op. exeg., v. XII, p. 240.

sont quelquefois cités, de même, quoique moins souvent,
Gerson (1), Tauler (2), Geiler de Kaisersberg (3), saint Bernard (4), etc. Mais c'est de saint Augustin surtout que notre
prédicateur s'inspire à chaque instant. Longtemps, il con-
servera l'habitude de le citer, et si plus tard il oublie, dans
ses prédications les auteurs profanes et presque toujours
aussi les écrivains célèbres de l'Église, il ne cesse jamais
complètement de rappeller les opinions d'Augustin sur tel
ou tel sujet, tantôt pour être de son avis, tantôt pour le combattre. A l'époque où nous sommes, il subit son influence
d'une manière évidente (5), comme il subit aussi dans une
autre mesure celle de Tauler (6), dont la théologie, nous
l'avons vu dans notre introduction, le remplissait d'admiration.

D'un côté, le dogme de la justification par la foi, qui faisait sa vie, n'était proclamé nulle part avec autant de force
que dans saint Augustin, et, de l'autre, il ne ressentait nulle

(1) Luth., Op exeg., v. XII, p. 37.
(2) Luth., Op., v. I, p. 213.
(3) Luth., Op. exeg., v. XII, p. 22.
(4) Luth., Op. exeg., v. XII, p. 132 ; Op., v. I, p. 188.
(5) Si l'on veut se faire une idée du grand nombre de citations de
saint Augustin, qu'on lise surtout les prédications sur les dix commandements. Luth., Op. exeg., v. XII, p. 26, 27, 39, 40, 43, 55, 59,
72, 97, 117, 120, 129, 145, 150, 154, 171, 173, 175, 196, 199,
211, etc...
(6) Tauler est cité rarement, mais nous savons, par les déclarations
mêmes de Luther, combien ce dernier l'estimait et l'aimait.

part, aussi bien que dans la lecture des mystiques, de Gerson, de Tauler surtout les effets d'une piété édifiante et pure. C'est sous cette double influence que Luther est placé pendant notre première période, comme il est facile de le constater par la lecture de ses sermons. Mais cela ne l'empêche pas d'être vraiment lui-même, et, tandis que Geiler de Kaisersberg, par exemple, se fait l'esclave de ceux qu'il admire et qu'il a choisis pour maîtres, lui conserve son indépendance de pensée et son originalité. Sans doute, ce n'est pas encore le Luther qui accomplit l'œuvre de la Réformation, mais on peut discerner en lui presque tous les traits qui le caractériseront plus tard. Ainsi, quoique la forme de sa prédication soit souvent monotone et fatigante, quoiqu'elle ne renferme pas encore les passages originaux, les comparaisons fines et justes que nous trouverons dans la période suivante, elle ne s'en présente pas moins, dès à présent à nous, sous un aspect intéressant et nouveau.

Déjà, nous rencontrons des images souvent heureuses qui animent et ornent le discours. Quelquefois, elles sont toutes simples comme lorsqu'il dit de la prière « qu'elle est une élévation de l'âme et que les paroles ne sont que les degrés d'une échelle qui s'appelle la voix (1). » D'autres fois, elles sont poétiques comme dans un sermon de 1516, où Luther parle de la miséricorde de Dieu et de la manière

(1) Luth., Op. exeg., v. XII, p. 86.

dont un chrétien doit supporter l'épreuve : « Lorsque le ciel se couvre de nuages, dit-il, personne ne croit que le soleil a perdu sa clarté, de même lorsque la colère et les calamités nous cachent la face de Dieu, il faut se rappeler que Dieu, qui est la douceur, la bonté et la miséricorde même, n'a rien perdu de sa bonté ni changé de volonté à notre égard (1). » Quelquefois aussi ces images sont originales et frappantes. Parle-t-il de ceux qui murmurent leurs prières des lèvres, tandis que leur cœur proteste intérieurement contre l'objet même de leur demande, il les compare « à ces tuyaux d'orgue qui crient et qui hurlent dans les églises et qui n'ont cependant ni paroles, ni intelligence (2). » Il sait aussi, quand il le faut, rendre ses comparaisons vraiment énergiques. La colère ainsi ne sera pas pour lui autre chose qu'une épée avec laquelle on tue le Fils de Dieu lui-même (3). Les gens qui ne sanctifient pas le nom de Dieu « agissent absolument comme un prêtre qui donnerait à boire à une truie de la coupe sacrée ou s'en servirait pour ramasser du fumier, car ainsi ils prennent leur âme et leur corps où le nom de Dieu habite et les sanctifie, et les font servir à l'usage du diable (4). » Ce dernier

(1) Luth., Op., v. I, p. 134.
(2) Luth., v, XXI, p. 182 : au sujet de cette prière : « que ton règne vienne. »
(3) Luth., Op. exeg., v. XII, p. 131.
(4) Luth., v. XXI, p. 170.

passage nous rappelle ce que Luther dit d'une manière non moins vive au sujet du second commandement : « Nous achetons des pantoufles, s'écrie-t-il, pour ne pas abîmer nos souliers neufs ; nous nous gardons bien de traîner de bons vêtements dans la boue, nous ne souillons pas des vases d'or avec de l'eau sale, mais nous faisons servir sans honte le nom sacré de Dieu à toutes sortes d'indignes usages (1). »

Cette énergie dans l'expression, qui dans quelques années donnera tant de cachet à la parole de notre prédicateur se révèle déjà, on le voit, à ses débuts. S'il veut un jour montrer à ses auditeurs les dangers d'une mauvaise éducation : « Il y a des parents, s'écrie-t-il, qui sont presque des brigands, ils nourrissent le corps de leurs enfants, mais ils tuent leurs âmes (2) ; » et prêchant en 1517, sur la troisième demande de l'Oraison Dominicale, il dit en terminant : « Cette prière saisit l'orgueil à la tête, non pas à la main ou au pied, mais à la tête, c'est-à-dire à notre volonté qui est la tête de la méchanceté, c'est elle qui est la première, la vraie scélérate (3). »

Luther sait aussi donner à sa parole un tour vif et original. A l'avertissement sévère il fait succéder le mot piquant

---

(1) Luth., Op. exeg., v. XII, p. 63. Tu ne prendras point le nom de l'Eternel ton Dieu en vain.

(2) Luth., Op. exeg., v. XII, p. 91.

(3) Luth., v. XXI, p. 194.

et ironique. Les indulgences (1), les légendes des saints (2) fournissent matière à ses railleries. Quand il blâme les gens qui passent leur dimanche dans les plaisirs sous le prétexte de ne pas travailler : « Le péché, dit-il, ne consiste pas tant à descendre un tonneau de bière à la cave qu'à en retirer assez de pots pour s'enivrer (3), » et quand il s'élève avec force contre les pèlerinages « qui sont l'œuvre du diable, » (quoiqu'ici encore il ne les condamne pas rigoureusement en eux-mêmes), voici comment il s'adresse à son auditoire : « Si ta femme ou ton serviteur se met à dire et à crier que l'esprit l'entraîne au pèlerinage, écoute mon conseil..... prends une croix en bois de chêne et sanctifie lui le dos avec quelques coups vigoureusement appliqués et tu verras a lors si le démon n'est pas chassé par ce doigt de Dieu (4). »

La prédication de Luther, quelquefois un peu sèche et didactique est donc pourtant émaillée d'expressions qui révèlent à la foi une âme virile et un esprit original. Ici et là on rencontre aussi des observations heureuses qui dénotent une certaine connaissance du cœur humain, et nous remarquons, chez notre orateur, le caractère simple et pratique qu'il sait déjà si bien et qu'il saura toujours mieux

(1) Luth., v. XXI, p. 212.
(2) Luth., Op. v. I, p. 119, 122.
(3) Luth., Op. exeg., v. XII, p. 79.
(4) Luth., Op., exeg., v. XII, p, 48, 49.

imprimer à sa parole. Il n'est pas encore aussi familier et
aussi populaire qu'il le sera dans quelques années, mais il
a pourtant déjà appris, dans une certaine mesure, comment
il faut parler au peuple, et, pour constater ses progrès dans
notre première période, on n'a qu'à comparer le sermon de
Noël 1515, par exemple, avec ses sermons sur l'Oraison
Dominicale de 1517. Il aime alors à être quelquefois direct
et incisif dans ses exhortations ; il attaque en face les habitants de Wittemberg (1) et adresse des reproches aux jeunes
gens (2), etc.

Il paraît être surtout préoccupé de réveiller chez tous le
sentiment du péché. Une fois, après avoir parlé des grands
coupables qui se repentent, il met la parole dans la bouche
de son auditeur : « Ce n'est pas étonnant, diras-tu, que de
si grands pécheurs se repentent. Oh ! voilà donc, s'écrie
Luther, voilà donc ce que je t'entends dire, ô pharisien !
Toi, tu n'es pas un grand pécheur ? Tu n'es pas comme le
reste des hommes ? Tu trouves tes voies pures ? Oh ! quel
profond, quel immense aveuglement te possède ! et ton orgueil te rend pire que tous ces autres pécheurs (3). »
« Lorsque nous apprenons, dit-il ailleurs, que les Turcs
ont profané nos temples et souillé nos autels et les objets
sacrés, nous nous enflammons de colère avec une admirable

(1) Luth., Op., exeg , v. XII, p. 80.
(2) Luth.. Op., exeg., v. XII, p. 94.
(3) Luth., Op. exeg., v. XII, p. 123.

ardeur, nous disons qu'il faut venger par la guerre de telles injures et nous nous plaignons de ce que les princes ne s'arment pas contre eux, mais glisse plutôt la main dans ton cœur, voici, c'est un Turc que tu y as saisi (1). »

On se rappelle les terribles angoisses que Luther avait éprouvées au couvent d'Erfurt et les cris désespérés qu'elles lui avaient arrachés : « Mon péché ! mon péché ! » Il avait ainsi trop bien senti lui-même cette réalité du péché pour n'en pas parler avec force « Qui, s'écriait-il, après avoir entendu les commandements de Dieu et avoir constaté à leur lumière dans quel état est plongé le monde entier, qui, à moins d'être une pierre, pourrait retenir ses gémisse- ments et ses larmes en voyant quel nombre infini d'hommes vivent en dehors de ces commandements! N'y aurait-il pas d'autre cause pour nous empêcher d'être joyeux et nous faire toujours verser des larmes, qu'il nous suffirait pour cela de mettre la vie des hommes en regard de la loi de Dieu. Nous verrions ainsi combien le genre humain est une race perdue et comme ils sont rares ceux qui vivent et se conduisent d'après les commandements de Dieu (2). »

Pour mieux réveiller ce sentiment du péché chez son auditeur, Luther tourne ses regards vers Jésus : « Qu'est-ce qui pourrait, dit-il, pousser davantage un homme à confes-

(1) Luth., Op. exeg., v. XII, p. 63. Sermon sur : « Tu ne prendras pas le nom de l'Éternel ton Dieu en vain. »
(2) Luth., Op. exeg., v. XII, p. 151.

11

ser ses hontes et à se reconnaître pécheur que la pensée que le Seigneur a voulu à cause de lui-même passer pour un pécheur (1)?

Si nous avons tenu à nous arrêter un instant sur ce que Luther dit du péché, c'est qu'il nous semble, d'une manière générale, s'adresser beaucoup plus à la conscience qu'au cœur. Il ne cherche pas à émouvoir, mais à convaincre ; il ne supplie pas ses auditeurs, comme saint Paul, de se réconcilier avec Dieu, mais il les fait rougir de tout le mal qu'i,s ont commis ; rien de pathétique dans son langage, mais de la force. C'est le prédicateur de la conscience et c'est aussi le docteur qui éclaire et qui enseigne. Il disait plus tard que l'œuvre du pasteur consistait d'une part à instruire, de l'autre à exhorter (2). Aujourd'hui sa préoccupation paraît être avant tout d'instruire les âmes qui s'égarent et qui ne connaissent point encore la vérite qui sauve. De là aussi, comme nous l'avons dit plus haut, le genre quelque peu didactique de son discours, qui ressemble moins à un sermon qu'à une dissertation, dont les paragraphes sont quelquefois soigneusement numérotés.

(1) Luth., Op., v. I, p. 189, 190. « Le Seigneur, le roi de la justice, le Fils de la Vierge et de Dieu a voulu, par amour pour moi, se faire pécheur ; s'il n'en a pas eu honte, comment pourrais-je, moi qui suis plongé dans la poussière et dans la boue, avoir honte de reconnaître ce que je suis. »

(2) Luth., v. VII, p. 25, 164, 236 ; v. VIII, p. 17 ; v. XXXV, p. 312 ; v. LII, p. 264, etc...

Du reste, il ne faut pas s'attendre à trouver chez notre moine l'emploi des règles homélitiques qui nous paraissent toutes naturelles aujourd'hui. Il oublie souvent son texte et le traite rarement d'une manière complète; souvent il n'y revient qu'après une longue digression (1), ce qui ne l'empêche pas cependant, il faut bien le reconnaître, de diviser quelquefois heureusement le thème de sa prédication et d'y rester fidèle. Aussi ne peut-on pas dire de quel genre spécial son discours se rapproche le plus. Il tient à la fois de l'homélie et du sermon et il peut lui arriver aussi, comme nous le disions, de ne rappeler ni l'un ni l'autre.

Malgré ces défauts inévitables et ceux que nous avons déjà pu signaler dans le cours de cette étude, il n'en reste pas moins que la prédication de Luther, avant le 31 octobre 1517, mérite d'être connue, non pas seulement au point de vue de l'histoire de la Réformation, mais aussi au point de vue des qualités qu'elle possède et de l'ère nouvelle qu'elle inaugure ou dont plutôt elle prépare l'avènement dans l'histoire de la prédication. Il y a un singulier contraste, en effet, entre ce jeune moine qui prêche l'Évangile de Christ et le salut par la foi et ces prédicateurs du xvᵐᵉ siècle, qui se plaisent à apporter dans la chaire chrétienne les vains raisonnements d'une desséchante scolastique ou les inventions burlesques de leur folle imagination. Que l'on compare ce que nous avons dit dans nos précédents chapi-

(1) Voir les prédications sur le 4e, 9e, 10e commandement, etc.

tres avec notre introduction et l'on verra l'abîme qui existe entre Luther et ses prédécesseurs ou ses contemporains. Ce rapprochement et la conclusion qu'il entraîne s'imposent si naturellement à l'esprit que nous n'y insistons pas.

Ce que nous nous bornerons à faire remarquer, c'est la distance, moins grande, mais pourtant réelle, qui sépare notre orateur des meilleurs prédicateurs du xive et du xve siècle. On peut, en effet, le comparer dans notre première période à Tauler et à Geiler de Kaisersberg ; plus tard, cette comparaison ne saurait se justifier. Quand il sera devenu le grand Réformateur que l'on sait, on ne pourra plus le comparer qu'avec lui-même : c'est là le propre d'un homme de génie. Ce qui n'existait chez le moine qu'à l'état de germe ou de développement encore incomplet se retrouvera alors chez le Réformateur merveilleusement développé et enrichi. Aujourd'hui nous avons affaire au Luther qui n'est pas encore Luther, mais il dépasse déjà ceux qui l'ont précédé.

Il a la piété d'un Tauler, par exemple ; il en a la parole simple et vivante, mais il n'en a pas le mysticisme contemplatif. Sa prédication a quelque chose de plus positif et de plus clair, et le christianisme qu'il apporte aux âmes qui se perdent n'est plus tant un christianisme de sentiment qu'une parfaite réalité.

Il a l'énergie et la fidélité d'un Geiler de Kaisersberg, mais il n'a pas ses défauts de goût. Son allégorie peut être quelquefois étrange sans doute, mais plus rare que celle de Geiler, elle n'est jamais aussi malheureuse, ni aussi triviale. Sa parole a quelque chose de plus sobre et de plus viril, son style a plus d'originalité et sa foi est éclairée d'une lumière nouvelle.

Il se rapproche plus de Tauler qu'il aime et qu'il admire par le ton général et par la forme, mais au fond il s'ouvre déjà lui-même une voie nouvelle où il marchera bientôt d'un pas plus décisif et où personne ne l'aura précédé.

Ainsi, pour ce qui concerne son développement préparatoire, il serait difficile de dire, en dépit des influences qu'il a nécessairement subies, qui a été son maître ou son modèle. Nous ne croyons pas que le *De Oratore* de Cicéron et le quatrième livre de la doctrine chrétienne de saint Augustin, aient eu à cet égard quelque influence sur lui. Il a trouvé bien moins encore un exemple et un guide dans les ouvrages de l'époque relatifs à la prédication. Parmi les plus célèbres alors qu'il a eus certainement entre les mains, il faut nommer : 1º. *Gesta Romanorum cum applicationibus moralisatis et mysticis* (1) ; 2º. *Jacobi a Voragine legenda aurea sanctorum* ; 3º *Petri de Natalibus catalogus sanctorum* : 4º *Furinatoris Lumen animæ*.

Que penser de ces recueils de fables où le sacré et le profane se mêlent constamment l'un à l'autre où la scolasti-

(1) ... de virtutibus et vitiis, una cum pluribus exemplis quibuscumque concionatoribus perquam necessariis ac longe utilissimis.

que et l'Evangile sont toujours confondus? Ce ne sont certes pas de semblables ouvrages qui ont préparé Luther à
être un prédicateur remarquable, ce sont bien plutôt, d'une
part, ses études si considérables, dont nous avons déjà
retrouvé la trace dans ses sermons, et, d'autre part, la
puissance de sa foi, qui se fonde déjà, quoique quelquefois
encore un peu incertaine, sur le seul fondement qui puisse
être posé, savoir Jésus-Christ et Jésus-Christ crucifié. C'est
en réalité, en se préparant à son insu à être un grand Réformateur, que Luther se préparait aussi à être un grand prédicateur. Le secret de toute son éloquence, c'est sa foi.

Notre étude nous a montré dans quel esprit se préparait
l'humble moine de Wittemberg, à accomplir l'œuvre que
Dieu lui réservait. Nous n'avons rencontré nulle part une
parole qui trahit une ambition coupable ou une malveil-
lance intéressée à l'égard de l'Eglise ; nous l'avons seulement entendu flétrir le mal, où qu'il fût, avec une coura-
geuse franchise, et nous avons surpris chez lui la soif
d'une Réforme ; mais tout nous a révélé une âme droite,
dont la seule préoccupation était d'accomplir la volonté de
Dieu. C'est dans ces sentiments que devait le trouver le
31 octobre 1517. Avec toute la candeur et l'innocence « d'un
simple agneau (1), » mais avec toute l'énergie et la loyauté

(1) Luther disait, plus tard, en parlant des devoirs du prédicateur :
« Il ne doit pas être *un simple agneau*, comme moi qui croyais,

d'un chrétien, il allait entrer dans la lutte et se faire, dans
le monde, l'éloquent apôtre de la vérité, ne devant jamais
la grandeur de ses actes, comme la puissance de sa parole,
qu'aux deux sentiments qui remplirent toute sa vie, l'amour
de Dieu et l'amour des âmes.

Il vaudrait la peine, après avoir essayé de connaître le
Luther du cloître, d'apprendre à connaître le véritable
Luther, le prédicateur de la Réforme. Cette étude serait, à
coup sûr, plus intéressante et plus fructueuse, et nous re-
grettons que le temps nous manque pour la faire. Plus on
pénètre, en effet, dans l'intimité de notre Réformateur, plus
on l'admire et plus on l'aime. Ame à la fois simple et
grande, naïve et enfantine, en même temps profonde et
originale, âme de poëte, imagination ardente et vive, cœur
tendre, intelligence supérieure, Luther est un de ces rares
génies qui réunissent, dans leur étonnante personnalité, les
dons que la plupart des grands hommes se partagent. Nous
pouvons être fiers de nous appeler ses fils. A nous maintenant de nous inspirer toujours plus de son exemple et de
tenir haut et ferme comme lui la bannière de l'Évangile de
Christ !

au commencement, le monde si pieux, que tous accourraient et accep-
teraient l'Évangile avec joie, dès qu'ils l'auraient entendu. Comme
je me suis honteusement trompé ! j'en fais aujourd'hui la bien dou-
loureuse expérience (Luth., v. LIX, p. 242). »

THÈSES

I.

La trinité ne se déduit pas logiquement de la notion chrétienne de Dieu.

II.

La notion d'une activité éternellement créatrice de Dieu ne conduit pas nécessairement au panthéisme.

III.

On ne peut reconnaitre l'autorité de l'Ecriture-Sainte que lorsqu'on y a trouvé Jésus-Christ.

IV.

Le fondement de toute Eglise chrétienne est la foi au Christ préexistant, devenu le Christ historique, mort pour nos offenses et ressuscité pour notre justification.

V.

La théorie de la κενωσις est celle qui explique le mieux la personne et l'œuvre de Jésus-Christ.

VI.

La situation normale de l'Eglise est d'être séparée de l'Etat.

VII.

On ne peut appuyer, ni sur l'exemple des apôtres, ni sur leur enseignement, l'usage du pédobaptisme.

VIII.

Le devoir de tout pasteur fidèle est de travailler au développement de l'alliance évangélique.

Vu par le Président de la soutenance,

A. WABNITZ.

Montauban, le 11 juin 1878.

Vu par le doyen,

CHARLES BOIS.

Montauban, le 12 juin 1878.

Vu et permis d'imprimer :

Toulouse, le 15 juin 1878.

Le Recteur,

C. CHAPPUIS.

TABLE DES MATIÈRES

MONTAUBAN. — TYP. DE J. VIDALLET ET V. MACABIAU

Sermo die S. Andreæ.

Sermo Dominica II Adventus de duplici evangelii officio.

Sermo in die concept. Mariæ de nomine Mariæ.

Sermo Domin. III Adventus de spirituale legis sensu.

Sermo Dominica IV Adventus.

Sermo in die S. Thomæ.

Sermo Feria II Nativitatis de timore Dei.

Sermo in die Innocentum.

Ex sermone habito Dom. X p. Trin. de indulgentiis.

Sermo L. præscriptus Præposito in Litzka in illud Johannis : Omne quod natum est ex Deo vincit mundum, etc.

Decem præcepta vittembergensi prædicata populo.

3° *Sermons depuis le 1er janvier jusqu'au* 31 *octobre* 1517 *exclusivement*

Sermo die Circumcisionis de circumcisione et justitia fidei.

Sermo die Epiphaniæ de muneribus Magorum.

Sermo die conversionis Pauli de relictione omnium.

Sermo Domin. III post Epiphan.

Sermo in die Purificationis Mariæ.

Sermo Dom. Septuagesimæ de Matth., xx, 17.

Sermo Dom., Sexagesimæ de Luc. vııı, 5.

Sermo die S. Matthiæ de indulgentiis.

Auslegung des Vater Unsers für die einfæltigen Layen (1).

(1) Tous ces sermons sont renfermés dans les *Opera rarii argumenti*, vol. I. sauf les sermons sur les dix commandements qui se trouvent dans les *Opera exegetica*, vol. XII, p. 1-249, et ceux sur l'Oraison Dominicale dans les volumes allemands, v. XXI, p. 156-227. Ces derniers (Auslegung des Vaters Unsers), publiés en 1517 par un auditeur de Luther, Jean Sneider, furent publiés par Luther lui-même l'année suivante ; nous nous sommes servi de cette édition de 1518.

PRINCIPALES ÉDITIONS

DES

ŒUVRES DE LUTHER

— —

Wittemberg, 1539.

Iéna, 1555.

Altenbourg, 1661.

Leipsig, 1729.

Halle, 1740.

Erlangen, 1826–1878...

— — —

Lettres de Luther, De Wette. Berlin, 1825 ; Seidemann,
1856.

Cours sur les Psaumes de 1513-1516. Seidemann, Dresde,
1876.

www.ingramcontent.com/pod-product-compliance
Lightning Source LLC
Chambersburg PA
CBHW072348200326
41519CB00015B/3708